U0922707

· 长治市

山西文物要览

SHANXI WENWU YAOLAN

《山西文物要览》编委会　编

山西出版传媒集团
三晋出版社

图书在版编目（CIP）数据

山西文物要览. 三 / 《山西文物要览》编委会编. 太原 : 三晋出版社, 2024. 8. -- ISBN 978-7-5457-3031-9

Ⅰ. K872.25

中国国家版本馆CIP数据核字第2024KS7470号

山西文物要览（三）

编　　者：《山西文物要览》编委会
责任编辑：朱　屹　郭亚林
责任印制：李佳音

出 版 者：山西出版传媒集团·三晋出版社
地　　址：太原市建设南路21号
电　　话：0351-4956036（总编室）
　　　　　0351-4922203（印制部）
网　　址：http://www.sjcbs.cn

经 销 者：新华书店
承 印 者：山西新华印业有限公司

开　　本：889mm×1194mm　1/16
总 印 张：165.75
总 字 数：1442千字
版　　次：2024年8月　第1版
印　　次：2024年9月　第1次印刷
书　　号：ISBN 978-7-5457-3031-9
定　　价：980.00元（全五册）

如有印装质量问题，请与本社发行部联系　电话：0351-4922268

《山西文物要览》
编委会

编委会办公室

资料保障组

陈德刚　石　莹　韩　莹　刘月平　尹新凤　刘　鹏　张建明　王晋亭　段利民
郭卫平　王丽业　王建萍　高　龙　王淑敏　武靖凯　刘依尘　乔佳伟　周　宁
胡　元　庄　严　任志强　王　昕　李云帆　吕柯楠　柴琳洁　王超永　曹　阳
申林娟　张婷翔

专家编审组（按姓氏笔画排序）

王　苗　王　婷　王小龙　尹　帅　古慧莹　叶若琛　田　园　史　君　冯　燕
刘　岩　刘建昭　芦宝琴　李　莉　李小龙　李晓霞　李海英　杨晓芳　宋　阳
张光辉　张国花　张洪峰　张晓清　张雅婕　林春杏　赵　彬　段恩泽　施光玮
袁　琦　高宇星　曹芳芳　韩　琳　韩若冰　韩炳华　雷　伟　简　莉

图片提供者（按姓氏笔画排序）

王　妍　王　松　王　涛（太原）王　涛（临汾）王　乾　王　敏　王　超　王卫明
王志勇　王丽新　王政涛　王鹏飞　牛海泉　巴艳波　左义聪　石振华　田　治
田怡蕊　田玲玲　史振宇　兰　杰　皮子龙　吉学东　成永平　吕旭燕　刘　冬
刘小江　刘东虹　刘永平　刘园礼　刘宏亮　刘泽强　闫文成　闫志鹏　孙泽青
孙慧琴　李　广　李广洁　李丽珍　李贵显　李振文　李晓翠　杨　平　杨卫平
吴国忠　辛　泰　宋维炉　张　义　张小平　张少毅　张庆金　张园园　张宝顺
张建军　张哲远　张晓剑　张海燕　张朝阳　陈博敏　武　冬　尚银龙　季文韦
季保全　阜　阳　周礼忠　郑海伟　郑珺文　赵　伟　赵永刚　赵志国　赵雨星
段振亮　袁国华　贾笑梦　贾家璇　高房斌　高新生　郭　健　郭国伟　黄赞民
曹　亮　崔元喜　崔文锋　梁　铭　韩　凯　韩　锐　景　鹏　景仲春　廉田静
蔺亚璐　蔺鸿斌　樊文珍　穆　榕　穆世斌　魏云龙

出版说明

文物承载灿烂文明，传承历史文化，维系民族精神。习近平总书记对文物保护工作念兹在兹、关怀备至。党的十八大以来，习近平总书记四次亲临山西，每次都深入文化遗产地和基层文博机构考察，反复强调要坚定文化自信、全面提升文物保护利用和文化遗产保护传承工作水平，为我们做好新时代文物工作指明了前进方向、提供了根本遵循。

山西是中华文明的重要发祥地，文化积淀博大厚重，文物资源灿若星辰。山西文物具有文明起源遗存富集、古代建筑冠居全国、彩塑壁画瑰丽绚烂、造像石刻精品荟萃、民居城池蜚声遐迩等突出特点。山西省第三次全国不可移动文物普查登记不可移动文物53875处，位居全国前列。其中，全国重点文物保护单位531处，约占全国总数的10.5%，居全国第一，省级文物保护单位779处；现存古建筑28027处，其中元代及元以前木构古建筑500余处，占到全国80%以上，特别是全国仅存的3座完整的唐代木构古建筑均在山西；现存唐代以来彩塑12000余尊、壁画50000余平方米，均居全国第一；现存古戏台2800余座，居全国第一；旧石器遗址、地点共800余处，居全国前列。山西已登记可移动文物320余万件，收藏于413家国有文物收藏单位，位居全国前列。其中珍贵文物76124件，包括一级文物5515件、二级文物17082件、三级文物53527件。

为认真贯彻落实习近平总书记关于文物保护利用和文化遗产保护传承的重要论述重要指示批示精神，系统展示山西重要文物资源，促进社会各界力量参与到山西文物保护利用中来，我们编纂出版《山西文物要览》一书。本书共分为五卷，收录全国重点文物保护单位和省级文物保护单位 1131 处，包括古文化遗址 179 处、古墓葬 86 处、古建筑 828 处、石窟寺及石刻 35 处、其他 3 处。

本书内容条目按照市、县行政区划顺序排列。在同一行政区域内，先列全国重点文物保护单位，再列省级文物保护单位。在文物保护单位中，按照古文化遗址、古墓葬、古建筑、石窟寺及石刻的顺序编排。

文物保护单位的介绍，以公布时的说明为主。存在学术争论的，主要采纳被广泛接受的主流观点。文物单位的编写内容包括类型、时代、位置、保护单位公布时间和批次、历史沿革、遗存构成、重点遗存介绍及价值等。

每个文物保护单位附图 1—3 张。文物保护单位体量特别大的，适当增加图片。附图按照先宏观后微观的顺序编排，即遗存全貌、遗存局部、能够说明遗存时代和性质的关键性位置图片或器物图片。

习近平总书记指出，文物和文化遗产承载着中华民族的基因和血脉，是不可再生、不可替代的中华优秀文明资源。我们期待《山西文物要览》一书的编纂出版，能够助力文物保护利用，讲好文化遗产里的山西故事，推动三晋优秀传统文化焕发新的时代光彩，为山西实现从文物大省向文物强省、文化大省向文化强省的跨越作出贡献。

《山西文物要览》编委会

目录

长治市

潞州区

上党区

武乡县

沁县

沁源县

长治市

山西文物要览

❶ 潞州区

❷ 上党区

❸ 屯留区

❹ 潞城区

❺ 襄垣县

❻ 平顺县

❼ 黎城县

❽ 壶关县

❾ 长子县

❿ 武乡县

⓫ 沁　县

⓬ 沁源县

潞安府城隍庙

位置　长治市潞州区东街街道城隍庙社区

时代　元代至清代

类型　古建筑

2001 年，被国务院公布为第五批全国重点文物保护单位。

据潞安府城隍庙内碑碣记载，该庙始建于元至元二十二年（1285），明弘治元年（1488）、明嘉靖年间、明万历年间、清道光十四年（1834）均有扩建和重修。潞安府城隍庙坐北朝南，三进院落布局，总占地面积约 1.2 万平方米，建筑面积 5175.03 平方米。中轴线上主体建筑由南向北依次为山门、玄鉴楼、戏楼、献殿、正殿（中大殿）、寝宫，东、西两侧对称，有夹殿、中院廊房、配殿、耳殿、厢房、后院廊房等。现存建筑正殿为元代遗构，寝宫、戏楼、玄鉴楼为明代建筑，其余皆为清代建筑。

正殿，又称“中大殿”“城隍殿”，建于元至元二十二年，面阔五间，进深六椽，单檐悬山顶。梁架为四椽栿对后乳栿通檐用三柱，前檐柱头斗栱为六铺作单杪双下昂。前檐檐柱及金柱均为方形石柱。殿内采用减柱法，仅用内柱四根，梁架简略，用材硕大，元代建筑特征显著。屋顶上的琉璃脊饰为明代所制，造型优美，色泽艳丽，是山西琉璃中的精品。

玄鉴楼共三层，面阔七间，进深三间，门前依楼建有歇山式抱厦，三层支出平座；楼的明间底层辟为门洞，是进中院的必经之门。

寝宫面阔五间，进深三间，单檐悬山顶建筑。

庙内现存碑 8 通、碣 1 方、古树 1 棵。

潞安府城隍庙是为祭祀城隍神而营建的建筑群，是国内现存已知的府级城隍庙中规模较大、保存较完整的一处珍贵实例。庙宇布局和谐、主次分明、错落有致，反映了古代上党地区建筑的地方风格与手法。各殿屋顶上皆以琉璃装饰，釉色斑斓，艺术价值极高。

潞安府城隍庙全景

潞安府城隍庙献殿

潞安府城隍庙山门

马厂崇教寺

潞州区

位置 长治市潞州区马厂镇故驿村

时代 元代至清代

类型 古建筑

2013年，被国务院公布为第七批全国重点文物保护单位。

据马厂崇教寺内宋太平兴国九年（984）赐额碑碣记载，崇教寺原名“灧山朝漳禅院”，是年赐额崇教禅院，明嘉靖二十七年（1548）金妆佛像，清康熙三十八年（1699）、五十八年（1719），清乾隆三年（1738），清嘉庆十一年（1806）均有修葺。寺庙坐北朝南，原为二进院落，现存一进院落，占地面积1458平方米。寺内现存过殿，正殿，东、西耳殿，东、西配殿，东、西厢房。正殿为元代遗构，过殿为明代建筑，其余则为清代所建。

正殿面阔三间，进深六椽，单檐悬山顶，筒板布瓦屋面，琉璃脊饰。殿内梁架为四椽栿对后乳栿通檐用三柱，前檐柱头施用通间长的大檐额，后檐无铺作，仅在前檐额上布列柱头铺作四朵，其形制是五铺作双杪双下昂计心造，补间铺作隐刻，当心间柱头铺作出斜栱。

过殿又称“南殿”“天王殿”，坐落在石砌台阶上，兼作寺院的山门，面阔三间，进深五架，单檐悬山顶，筒板布瓦屋面。梁架为五架梁通檐用两柱，梁上设瓜柱承托三架梁，梁上施用叉手、丁华抹颏栱等构件。前檐额上置五踩斗栱，平身科一攒，后檐为三踩斗栱，不设平身科。斗栱里转出楷头，雕成两卷瓣，平身科耍头尾平直插入垂柱，平梁头雕饰云纹等都是当地典型的明代手法。

马厂崇教寺历史上曾是当地一座规模宏大、佛事频繁的重要场所。据太平兴国九年赐额碑碣载，寺僧住持请赐状诉称，逐寺院各添修到殿宇 50 间以上。灩山朝漳禅院请赐获准，“修到殿宇伍拾叁间佛像壹拾事僧行柒人”。此碑碣反映出北宋初年对寺院建筑规模、佛像数量、僧人名额等都有严格的控制和管理，不得随意增建殿堂、塑造佛像。该寺庙成为研究宋代寺庙管理制度的重要史料和实物证据。

马厂崇教寺全景

马厂崇教寺大殿

关村炎帝庙

潞州区

位置 长治市潞州区老顶山街道关村

时代 元代、清代、民国

类型 古建筑

2013年，被国务院公布为第七批全国重点文物保护单位。

关村炎帝庙始建年代不详，据庙内碑记载，清光绪二十年（1894）曾进行了维修，历时3年。寺庙坐北朝南，一进院落，南北长47.76米，东西宽30.26米，占地面积1445.22平方米。中轴线上由南向北有献殿、正殿，院落东西两侧分列厢房、耳殿。现存正殿主体结构为元代建筑，西耳殿为明代建筑，献殿则为清代建筑，其余均为近现代建筑。

正殿面阔三间，进深六椽，单檐悬山顶，筒板瓦屋面，琉璃脊饰。平面共用檐柱12根，前槽柱截面呈方形，后槽柱截面呈圆形。前檐柱头斗栱为四铺作单下昂，为琴面式昂，蚂蚱形耍头。补间铺作逐间施一朵，形制同柱头铺作，里转挑斡。殿内梁架为厅堂式，六架椽屋前乳栿对后劄牵用四柱。三椽栿上两端蜀柱承平梁，平梁上施蜀柱、叉手，叉手与丁华抹颏栱相交承托脊槫，各槫下襻间均为实拍捧节令栱。殿内墙壁满绘壁画，皆为沥粉贴金做法，人物形态各异，金龙祥云穿插其中，是长治地区保存较完整的大幅炎帝传说壁画。

献殿位于正殿前檐月台上，面阔三间，进深五架，单檐卷棚顶，筒板布瓦屋面。梁架结构为五架梁通达前后，且五架梁后尾插入正殿前檐柱内，与正殿做勾连搭结构。前檐额上施用三踩单昂斗栱，各间施用平身科斗栱各一攒。

关村炎帝庙正殿既有晋东南地区元代建筑的特征，又有其独特性，其东山墙的壁画、木构件上的彩画及屋顶明代琉璃脊饰等，均具有较高的历史价值和艺术价值。

关村炎帝庙全景

关村炎帝庙正殿及献殿

观音堂

位置　长治市潞州区大辛庄街道梁家庄村

时代　明代

类型　古建筑

2001 年，被国务院公布为第五批全国重点文物保护单位。

据观音堂内现存碑碣记载，观音堂创建于明万历九年至十一年（1581—1583）。观音堂坐东朝西，二进院落布局，总占地面积约 7400 平方米。中轴线上由西向东依次有天王殿、献殿、正殿，两侧分别为钟楼、鼓楼、东西配殿，现存正殿为明代遗构，其余皆为清代建筑。

正殿，俗称“观音殿”，为堂内主殿。面阔三间，进深四椽，石砌台阶，单檐悬山顶，琉璃脊饰。前檐出卷棚抱厦。梁架为三架梁对后单步梁通檐用三柱。柱头科斗栱为三踩单下昂，前檐明间施四扇六抹隔扇门，次间设隔扇窗。前檐明间悬“观音堂”木质匾额 1 块，上款“万历十年孟冬吉旦”，下款“诰封兵部侍郎部钦立”。殿内佛坛依后壁和两山墙布列彩塑、悬塑 500 余尊。佛坛平面呈凹字形，坛上明、次间依后壁主奉观音、文殊、普贤三大士像。殿内三面墙壁、梁架之上及门窗顶部布满悬塑，题材为儒、释、道三教神祇人物，其中以佛教神祇为主，有佛、菩萨、弟子、金刚、罗汉和诸天等，多分布于龛内或墙中下部；道教神祇置于东、南壁上部；儒家人物则布列于东、北壁上。堂内彩塑工艺、造型均属于明代晚期上乘之作，圆塑、悬塑、凸塑、组塑、贴塑、浮塑等塑造手法齐全，山石、树木、建筑、人物贯穿其间，在不大的殿堂之中

观音堂全景

观音堂正殿内彩塑

展现出极高的艺术价值。

观音堂内存碑碣 2 通（方）、古树 1 棵。

观音堂整体布局精致，展现了长治地区明清时期的建筑风貌，观音殿内彩塑、悬塑相间，儒、释、道三教共融，其雕塑手法细腻、色彩艳丽、内容丰富，具有很高的历史价值和艺术价值。

观音堂正殿及献殿

潞安府衙

位置　长治市潞州区西街街道上党门社区

时代　明代

类型　古建筑

2006年，被国务院公布为第六批全国重点文物保护单位。

据清乾隆版《潞安府志》记载，潞安府衙始建于隋开皇年间；元泰定二年（1325）毁于兵火，泰定三年（1326）重建公廨厅堂等；明洪武三年（1370）重建上党门门庭，洪武三十一年（1398）增建右侧钟楼，成化七年（1471）增建左侧鼓楼；明弘治三年（1490）及清代均有重修；1932年再次重修。潞安府衙坐北朝南，占地面积约1445平方米。现存大门、钟楼、鼓楼、府二堂、办公院、西花园等建筑。

大门与钟、鼓二楼平行排列于高耸的台基上。大门是上党门的重要组成部分，台基高峙，主从有别，错落有致。大门面阔三间，进深四椽，单檐悬山顶。大门两侧砖砌八字形照壁。

钟、鼓二楼青砖砌筑城垛、券洞、踏道，上筑阁楼，广深各三间，重檐歇山顶。钟楼上一匾书题曰“风驰”，鼓楼上一匾书题曰“云动”，以示高耸入云之意。钟、鼓二楼遥相呼应，巍峨雄壮，颇具古意。

潞安府衙中存明碑1通。

潞安府衙是一处富有民族风格的门庭式地方衙署古建筑，见证了潞安历史的发展历程，是长治市的标志性建筑，承载着深厚的历史文化，对研究中国古代地方官署的建制有重要历史价值。

潞安府衙外景

潞安府衙钟楼

潞安府衙鼓楼

壁头遗址

位置 长治市潞州区大辛庄街道壁头村西61号

时代 新石器时代

类型 古文化遗址

1965 年，被山西省人民委员会公布为第一批省级文物保护单位。

壁头遗址地处上党盆地中心地带，地势平坦，平均海拔 924 米，西侧为浊漳河南源干流汇入的漳泽水库。

壁头遗址东西宽约 150 米，南北长约 700 米，分布总面积约 10.5 万平方米，包含仰韶文化中期、庙底沟二期、夏商时期等的文化遗存。

该遗址于 1959 年的考古调查中被发现，在 1960 年、1979 年、1987 年又进行了 3 次普查。

该遗址仰韶文化中期典型遗物有叠唇盆、折沿彩陶盆、双唇口尖底瓶等；庙底沟二期文化遗物有深腹筒形罐；夏时期遗物有高颈鬲、蛋形瓮、深腹盆；商时期遗物有方唇鬲等。

壁头遗址出土的陶片

壁头遗址近景

壁头遗址远景

柏后神农庙

位置：长治市潞州区太东街道柏后村

时代：元代、清代

类型：古建筑

2016年，被山西省人民政府公布为第五批省级文物保护单位。

据庙内碑记载，柏后神农庙在清咸丰九年（1859）进行了重修，现存建筑主要为明清时期的建筑。该庙坐北朝南，二进院落布局，占地面积为953平方米。中轴线上前有献殿和正殿（神农殿），后有寝宫。两侧依次为：正殿两侧的九天圣母殿、三峻殿和东、西配殿，寝宫两侧的东、西耳殿。

正殿（神农殿）坐北朝南，面阔三间，进深四椽，单檐悬山顶，青灰筒板瓦屋面，四架梁对单步梁通檐用三柱。檐下斗栱为三踩单昂。

寝宫坐北朝南，位于庙院的最北端。面阔三间，进深四椽，前插廊，单檐悬山顶，青灰筒板瓦屋面，五架梁通达前后通檐用三柱。五踩双昂，柱头科和平身科各设置一攒。

东、西耳殿面阔三间，进深四椽，前插廊，单檐硬山顶，青灰筒板瓦屋面，五架梁通达前后通檐用三柱。

庙内现存清代碑刻《重制神农庙社物碑记》1通。

柏后神农庙作为一座供奉神农氏的庙宇，不仅反映了对古代农耕文明的崇拜与传承，同时也见证了当地社会的发展与变迁。神农庙的建筑细节，如龙头形状的耍头、圆形的额枋和斜砍面的柱头等，均展现了精湛的雕刻技艺和独特的美学风格。庙内的碑刻文献也为历史学、考古学和文物保护研究提供了重要的原始资料。

柏后神农庙全景

柏后神农庙正殿正面

小罗灵仙庙

位置　长治市潞州区老顶山街道小罗村

时代　元代、清代

类型　古建筑

2016年，被山西省人民政府公布为第五批省级文物保护单位。

小罗灵仙庙创建年代无考，清乾隆七年（1742）进行过维修。该庙坐北朝南，一进院落布局，占地面积970平方米。中轴线上现存正殿，两侧遗有东、西厢房各三间，东、西廊房各六间，东、西配殿各三间，东、西耳殿各三间，其中两侧的房屋均为砖木结构建筑。现存正殿为元代遗构，其余为清代建筑。

正殿为元代建筑，面阔三间，进深六椽，四椽栿对前乳栿通檐用三柱，单檐悬山顶，灰布筒板瓦屋面。柱头铺作为四铺作单下昂，直棂窗装饰。

殿内现存清乾隆七年（1742）、十一年（1746）碑碣2方。

小罗灵仙庙历经多个年代重修，现存文物建筑体现出元、清不同历史时期的典型传统建筑特征。小罗灵仙庙正殿的斗栱、梁架、建筑比例，都反映出元代建筑的风格特征，其独特性表现为所有柱头斗栱皆用斜栱，这一特点在元代建筑中是不多见的，是研究元代建筑斗栱变化的实物资料。

小罗灵仙庙全景

小罗灵仙庙正殿正面

张村府君庙

位置：长治市潞州区大辛庄街道张村

时代：元代、清代

类型：古建筑

2016年，被山西省人民政府公布为第五批省级文物保护单位。

张村府君庙建立于元至顺元年（1330），经历了明、清多次修缮。该庙坐北朝南，占地面积183.3平方米。现存主要建筑为元代的正殿和清代的东、西耳殿。

正殿坐北朝南，面阔三间，进深六椽，单檐悬山顶。正殿正身梁架结构为四椽栿前压接乳栿通檐用三柱，前廊式结构。前檐铺作，共计七朵。前檐柱头铺作为五铺作双下昂计心造，耍头向后延伸制成乳栿；里转五铺作重栱。补间铺作为五铺作双下昂计心造，出45°斜栱；里转五铺作重栱，耍头向后延伸做挑斡承托栌斗及下平槫。后檐柱头设铺作，共计四朵，用材与前檐相同，铺作结构为外转四铺作单下昂计心造，里转出单杪，耍头后尾制成楷头状承托四椽栿。正殿内部现存有元至顺元年的《创建□□□□殿铭》碑1通。

东、西耳殿面阔三间，进深四椽，单檐悬山顶，梁架结构为通檐五架梁，二柱构造，前廊式结构。五架梁由前后檐柱顶承，脊部立瓜柱顶承平梁与金檩相交出头，平梁中立脊瓜柱直撑脊檩，两侧设叉手稳固。前檐设一跳三踩斗栱，外转单下昂三踩，里转单栱。

张村府君庙的正殿建筑结构采用了移柱造手法和大檐额设

计，展示了元代晚期建筑的典型特征。庙内装饰的木雕、石刻等艺术作品体现了中国古代建筑的审美理念和技艺水平，对研究该时期建筑的发展具有重要价值。

张村府君庙正殿正立面

张村府君庙正殿当心间斗栱

南垂府君庙

位置 长治市潞州区老顶山街道南垂村

时代 元代、清代

类型 古建筑

2021年，被山西省人民政府公布为第六批省级文物保护单位。

南垂府君庙始建年代不详，据庙内碑文记载，元至治二年（1322）时已建庙，清乾隆十九年（1754）、清同治三年（1864）均有维修。该庙坐北朝南，东西长24.12米，南北宽17.4米，占地面积约420平方米。中轴线上存月台，正殿，东、西耳殿。现存建筑除正殿为元代遗构外，其余均为清代建筑。

正殿面阔三间，进深六椽，砂石方柱，前檐柱头铺作为五铺作双下昂，共计四朵，后檐柱头铺作为四铺作单下昂，共计四朵，单檐悬山顶，灰陶筒板瓦屋面，前檐金柱处设隔扇。

东、西耳殿面阔三间，梁架为五架梁前压单步梁通檐用三柱，单檐硬山顶建筑，灰陶筒板瓦屋面。前檐设板门及直棂窗。

正殿东、西山墙内壁遗存壁画约18平方米。

南垂府君庙历史悠久，历经数次修缮，反映了不同历史时期建筑风格和技艺的变迁。庙宇展现了元代建筑的特有风貌和清代建筑的独特设计，体现了古代庙宇建筑在空间布局和结构设计上的成就，对研究我国古代建筑技艺具有重要的科学价值。

南垂府君庙全景

南垂府君庙正殿正立面

南垂玉皇庙

位置 长治市潞州区老顶山街道南垂村

时代 元代、清代

类型 古建筑

2021年，被山西省人民政府公布为第六批省级文物保护单位。

南垂玉皇庙创建年代不详。该庙坐北朝南，一进院落布局，东西长34.75米，南北宽38.8米，占地面积1348.3平方米。中轴线上依次建有戏台、献亭、正殿，两侧为东、西厢房和东、西耳殿。该庙现存正殿、献殿为元代建筑，戏台，东、西耳殿，东、西配殿，东厢房为清代遗构。

戏台为木结构，石砌台基，面阔三间，进深六椽，后檐为单檐硬山顶建筑形式，前檐为歇山顶形式，灰陶筒板瓦屋面。戏台坐南朝北，通檐用三柱，四抹方形石柱，上施三踩斗栱，出云形耍头，明间施斗栱五攒，次间各施两攒，转角斗栱均为异形龙状木雕。

献殿为木结构，石砌台基，单檐卷棚顶，绿色琉璃筒板瓦屋面，琉璃脊饰，土坯墙外包砖。四架梁通达前后檐，通檐用两柱，梁头搭在前后檐柱头斗栱上，承托檐檩及檐枋，四架梁上设瓜柱承托月梁，月梁梁头承托脊檩及脊枋。前檐斗栱为五踩双下昂，后檐斗栱为三踩单翘斗栱。梁架上施彩绘。

正殿建于高为1.1米的砂岩石台基上，面阔三间，进深四椽，通檐用两柱，柱头斗栱为三踩单下昂，单檐硬山顶，筒板瓦屋面，雕花布脊，前檐檐柱处设隔扇，现已被后人改制。门为六抹，门柱为圆柱体石柱。殿内供奉玉皇大帝，左右两侧是英红、英焦两兄弟塑像。

东、西配殿为木结构，面阔三间，进深四椽，五架梁通达前后檐通檐用三柱，梁头伸出前墙，搭于柱头科伸出做耍头，梁尾插于后墙内。柱头上施大斗一枚，斗内雕花，正心瓜栱与耍头十字相交。单檐硬山顶建筑，灰陶筒板瓦屋面。前檐设板门及方格窗。

庙内现存《重修玉皇庙工程碑》1 通，阴刻龙形碑首，清嘉庆八年（1803）立石。

南垂玉皇庙是晋东南地区早期祭奠祠庙之一。它几经维修，保存到现在，承载着历史的风雨，见证着朝代的变迁，追述着寺庙的兴衰，为研究晋东南地区的古代建筑史及民族文化提供了可靠的实物例证。

南垂玉皇庙正殿正立面

西长井灵泽王庙

位置　长治市潞州区老顶山街道西长井村

时代　元代、清代

类型　古建筑

2021年，被山西省人民政府公布为第六批省级文物保护单位。

西长井灵泽王庙创建年代不详，元、明、清各朝曾多次进行修建。寺庙坐北朝南，二进院落布局，占地面积约1700平方米。中轴线上现存大门、二门及倒座戏台、献殿、正殿，一进院两侧有东、西禅院，东禅院有南、北厢房各三间，西禅院已毁（20世纪90年代新建），二进院有东、西耳殿各三间，东、西配殿各五间，东、西偏殿各五间，均为砖木结构建筑。

正殿为元代遗构，面阔三间，进深六椽，单檐悬山顶，共计12根柱子，均为砂石柱。梁架为前乳栿对后四椽栿通用三柱，四椽栿后尾与后檐槫及后檐铺作连构，下贴普拍枋，立后檐柱顶撑，四椽栿前部与乳栿相交于金柱上部的铺作，乳栿之上施合楮，上置栌斗，施横栱、替木与劄牵相交承托前檐下平槫节点，节点外侧施合楮，四椽栿上设驼峰，上施栌斗、横栱、替木与三椽栿相交承托后檐下平槫节点，驼峰上部出襻间枋纵向连构，三椽栿上设驼峰，插蜀柱，蜀柱间施襻间枋，上置栌斗，施横栱、替木与平梁相交承托上平槫节点，三椽栿前部与劄牵相交于前檐上金蜀柱。

献殿面阔三间，进深四椽，单檐歇山顶，前檐四根柱子及后檐两根角柱为砂石柱，其余为木柱。献殿内存明隆庆四年（1570）的《重修佛殿记》碑1通，元元统二年（1334）的《重修祖□记碑》1 通，清乾隆五十六年（1791）、道光二十五年（1845）的《重修灵泽王庙碑记》碑各 1 通，清代的布施碑 1 通，清嘉庆四年（1799）《重修古佛堂碑记碑》1 通。山门东山墙上有清康熙十八年（1679）的碣 1 方。

西长井灵泽王庙经历了元、明、清多次修建和重修。元代的正殿保留至今，展示了元代建筑的风貌和技艺，而清代的各个建筑部分，尤其是山门和献殿，保存了多种历史碑刻和文物，记录了当时建筑技艺的发展和变迁。

西长井灵泽王庙近景

西长井灵泽王庙全景

捉马昭泽王庙

位置　长治市潞州区太西街道捉马村

时代　明代至清代

类型　古建筑

2021年，被山西省人民政府公布为第六批省级文物保护单位。

捉马昭泽王庙始建于五代后唐清泰二年（935），明嘉靖三十年（1551），清顺治十四年（1657）、乾隆四年（1739）、乾隆四十二年（1777）、嘉庆七年（1802）、同治十一年（1872）均有重修。1945年秋，大部分建筑在上党战役中毁于战火。该庙坐北朝南，二进院布局，占地面积1771平方米。中轴线上由南向北依次有戏楼、昭泽王殿、真武阁，前院有东、西廊房各五间，东、西庑房各一间，后院有东、西厢房各三间，东、西耳殿各三间。现存昭泽王殿和真武阁为明、清遗构，其余建筑为1994年村委会在原址上新建。

昭泽王殿面阔三间，进深六椽，四椽栿对前乳栿通檐用四柱，单檐悬山顶，屋面琉璃剪边，施琉璃脊兽，柱头铺作为五铺作双下昂。

真武阁由上下两部分组成，下层为砖券房屋三间，拱形顶。上层面阔三间，前后带廊，进深六椽，七檩构架，单檐歇山顶，琉璃瓦屋面，六檩隔扇门窗。

庙内存明清时期重修碑3通。

捉马昭泽王庙昭泽王殿正立面

捉马昭泽王庙真武阁正立面

捉马昭泽王庙承载着丰富的历史记忆和文化内涵。它的建筑风格独具匠心，尤其是真武阁砖券房屋和拱形顶，既保证了建筑的坚固耐用，又增添了艺术美感。琉璃瓦、脊兽、隔扇门窗等细节，也展示了古代建筑装饰的精美与繁复。

申家大院

位置：长治市潞州区西白兔镇中村

时代：清代

类型：古建筑

2021 年，被山西省人民政府公布为第六批省级文物保护单位。

申氏在明初从潞城县天贡村迁入南村，明嘉靖十一年（1532）迁入中村定居。自始祖申十三开始，至今已繁衍到第二十一代。申家最旺盛的时期在第七、八代之间，其后至清嘉庆末年开始衰败，从兴盛到衰败大约经历了 270 年。申家二十四院是由多个四合院、三合院、窑洞组成的宅院群落，俗称“二十四棋盘院”，其中包括中庭院、中庭下院、盐店院、歇马店、驮马店、铁匠铺、前院、老宅院、当铺院、储粮院等。现存建筑均为明清建筑风格。

老宅院为申十三落户中村时所居住的地方，现存建筑为清代遗构，东、西两院坐北朝南，南北长 40 米，东西宽 31 米，占地面积 1240 平方米。东院已全部坍塌，西院现存砖面北窑两孔，两侧前院东房三间，后院东、西房各三间，均为砖木结构建筑，单檐硬山顶。

申家大院承载了申氏家族 270 多年的兴衰历程，是研究中国明清时期社会、经济、文化的重要实物资料。大院的建筑风格和装饰手法尤其是精美的木雕、砖雕和石雕等艺术品，反映了明清时期民间建筑装饰的特色和发展。

申家大院近景

申家大院航拍图

关村静乐宫

位置 长治市潞州区老顶山街道关村

时代 清代

类型 古建筑

2021年，被山西省人民政府公布为第六批省级文物保护单位。

关村静乐宫创建年代不详。静乐宫坐北朝南，一进院落布局，占地面积约1420平方米。中轴线上由南向北依次建有山门、正殿，均为清代遗构，两侧有东、西配殿（原貌已不存，现为新建）。

山门面阔三间，进深六椽，前后檐均设廊，单檐歇山顶，屋顶覆盖绿琉璃筒板瓦。檐下柱头施五踩斗栱，并层层出昂，明间补间铺作施五踩异形斗栱及45°昂，柱脚为仰莲柱础。前檐两次间金柱两侧均以砖墙相连，上砌仿木结构斗栱和垂柱，并设有琉璃团龙壁心。

正殿面阔三间，进深六椽，前檐设廊，单檐悬山顶，屋顶覆盖绿琉璃筒板瓦。檐下柱头施七踩斗栱，每层均出昂，补间施七踩异形斗栱及45°昂。额枋和平板枋上雕刻有人物造像，明、次间均设置镂空雕刻的雀替，青石质仰莲瓣柱础。大殿梁架结构为前檐施双步梁做法，双步梁上承角脊瓜柱以承单步梁，双步梁后尾落于金柱柱头大斗，其上承三架梁，三架梁上立瓜柱及角脊承月梁，月梁上承瓜柱叉手捧承脊檩。

关村静乐宫正殿正面

关村静乐宫远景

正殿内现存彩塑 3 尊、清光绪七年（1881）的壁画，壁画面积达 21.7 平方米，内容为人物故事。正殿门前现存碑 1 通，立于清道光七年（1827）。

关村静乐宫无论是建筑布局、装饰细节，还是内部的彩塑和壁画，都展现了其在清代建筑中的独特地位和艺术价值。

上党西岩寺塔

位置 长治市上党区荫城镇桑梓一村

时代 唐代

类型 古建筑

2019年，被国务院公布为第八批全国重点文物保护单位。

上党西岩寺塔，因建在丈八寺内，故又名“丈八寺塔”。该塔创建于唐代，塔基北侧存清康熙四十四年（1705）四月信士王居辇、住持僧人玄续自筹资财修缮寺院的石碑1通。寺院坐西朝东，一进院落，中轴线上依次有山门、砖塔、大殿，两侧配以角殿、配殿、朵殿等，布局有致，沿袭唐风。寺内殿宇大多毁坏，现仅存砖塔和东、西配殿。

上党西岩寺塔坐东朝西，平面呈方形，边长3.9米，占地面积15.21平方米。塔基由下层石条、上层条砖砌筑而成，高2.33米，南面辟门，内设塔室。塔身9层，每层高度为1—1.5米，塔刹已毁。塔体由下而上逐层收分，除底层塔身较高外，各层层距较短。每层塔檐用19层青砖作叠涩出檐，檐出较深，方角方棱。

上党西岩寺塔是山西早期古塔的重要实物例证，体现了唐代砖塔在结构、力学等方面的技术水平，具有较高的科学价值。

上党西岩寺塔一层门洞

上党西岩寺塔全景

上党长春玉皇庙

位置 长治市上党区荫城镇长春村

时代 宋代至清代

类型 古建筑

2019年，被国务院公布为第八批全国重点文物保护单位。

上党长春玉皇庙始建年代不详。庙内保存有明正德年间的维修题刻、清康熙五十一年（1712）的《玉皇观重修记》碑、清乾隆二十八年（1763）的小石碑。该庙坐北朝南，二进院落，占地面积2786.75平方米。中轴线上自南向北有戏台、山门、正殿、大佛殿，东西两侧有钟楼、鼓楼、西耳殿，两侧的厢房和廊房均为新建。现存正殿保留有宋、元建筑风格，其余建筑皆为明、清风格。

正殿位于院内正中偏南，平面近方形，面阔三间，进深四椽，单檐悬山顶。前檐设石质方柱四根，柱头连构阑额。当心间后槽设金柱，青石质覆盆柱础。梁架结构为四椽栿通达前后檐通檐用三柱，平梁脊部正中立侏儒柱，驼峰式合楷稳柱。前檐柱头斗栱为五铺作单杪单下昂，后檐柱头斗栱为四铺作单杪。

大佛殿建于石砌台基之上，面阔五间，进深六椽，单檐悬山顶。前檐设石质方形混棱柱，方石柱础，柱身收分明显。柱间额枋连接，柱头上施平板枋。柱头科六攒，五踩双下昂上承耍头，耍头后尾做楷头压于梁下，明间楷头蝉肚造。后檐设三踩柱头科，双步梁出头做耍头。殿内梁架结构为彻上露明造抬梁式，七架梁通达前后通檐用三柱。殿内后槽设方形混棱金柱，

上党长春玉皇庙全景

上党长春玉皇庙正殿

上党长春玉皇庙大佛殿

柱头施以平板枋，额枋纵向连构，上置大斗，纵向设一斗二升承枋，横向承托双步梁压于七架梁之下。

山门建于石砌台基之上，面阔三间，进深四椽，单檐悬山顶建筑，明代风格。

钟楼、鼓楼台明与山门相连，分别位于山门东、西两侧，建筑结构形制相同，平面近方形，面阔一间，进深一间，两层楼阁式建筑，屋顶为硬山顶，清代遗构。

上党长春玉皇庙保留了宋、元、明、清等不同时期的特征，是研究该地区宋代以后建筑发展变化的珍贵实例，具有较高的历史和科学价值。

正觉寺

位置 长治市上党区苏店镇看寺村

时代 金代至明代

类型 古建筑

2001年，被国务院公布为第五批全国重点文物保护单位。

据县志记载，正觉寺创建于唐大和年间，其后历代屡有修葺。该寺坐北朝南，二进院落布局，东西长31.7米，南北宽70.85米，占地面积约2246平方米，建筑面积1030平方米。中轴线上由南向北依次存过殿、大殿（正殿），东西两侧分别为配殿、廊房、耳殿。现存大殿为金代遗构，一进院东、西配殿为元代重建，过殿为明代建筑。

大殿（正殿）面阔五间，进深两间，平面呈长方形，单檐悬山顶。殿内用柱18根，均为石柱，抹棱八边形，做工较为粗糙。梁架为四椽栿对后乳栿通檐用三柱，前檐斗栱五铺作，单杪单下昂，重栱计心造，耍头呈昂形。里转斗栱六铺作，偷心造，承托四椽栿。后檐斗栱四铺作外插昂，里转横向出华栱一跳。整个建筑用材硕大，手法明显具有金代特征。

过殿面阔五间，进深六椽，单檐悬山顶，梁架为五架梁对双步梁通檐用三柱，檐下斗栱七踩双翘头，麻叶形耍头。

一进院东、西配殿均面阔三间，进深四椽，单檐悬山顶。梁架为三椽栿对后劄牵通檐用三柱，前檐柱头上设大额枋一道，柱头斗栱五铺作双下昂，后檐柱头四铺作单昂。

寺内存明清时期重修碑3通。

正觉寺保存有金代至明代的文物建筑，展现了不同时期的地方建筑风格，为研究晋东南地区古代建筑的发展演变提供了重要的实物例证。

正觉寺全景

正觉寺大殿

正觉寺过殿

长治玉皇观

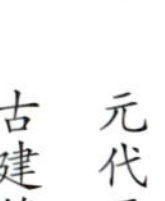

位置　长治市上党区南宋镇南宋村

时代　元代至清代

类型　古建筑

2006年，被国务院公布为第六批全国重点文物保护单位。

长治玉皇观创建年代不详，正殿正脊东侧吻兽侧面有“明万历四十二年二月初二日重修”及住持道人、琉璃匠师、三社管则等人的题记，同时还记载了筹资修缮玉皇庙的有关事项。玉皇庙坐北朝南，一进院落布局，占地面积1745.2平方米。中轴线上由南向北依次为戏台、五凤楼、八卦亭、正殿；东、西两侧分别对称有钟楼、鼓楼、配殿。观内现存五凤楼、正殿为元代遗构，八卦亭为明代风格，其余皆为清代建筑。

正殿建在高0.18米的石砌台基之上，殿前月台宽阔平整，平面布局与正殿广深尺寸相近，是旧时专为香客信士敬神叩拜、瞻仰帝像的场地。正殿面阔五间，进深六椽，单檐悬山顶。檐下四周及殿内均用方形石柱建造，柱形由下至上略有收分，侧脚生起显著。柱间由阑额、普拍枋相连。前檐柱头斗栱为九铺作双杪重昂偷心造，当心间补间铺作出45°斜昂。后檐柱头斗栱为五铺作双杪双下昂偷心造。殿内梁架采用彻上露明造，四椽栿对后劄牵梁，相交于金柱斗栱之上。屋顶琉璃脊兽、筒板布瓦。

五凤楼为玉皇观的山门，始建于元代，明清两代曾多次重修，为元末明初之风格。楼广深各三间，平面近似方形，五重檐歇山顶，寓意“五凤展翅”。楼下前檐施廊柱一排，明间东侧柱面镌刻“大明万历肆拾壹年五月□日新添石柱贰根”、西

长治玉皇观全景

侧镌刻“乡约秦安之社首米时柒王三锡”等楷书题记。二层额枋背后和底层大板门背后均有清乾隆、嘉庆年间重修的题记与刻记，保存至今，实为可贵。

八卦亭位居五凤楼之后，是中轴线上第二座单体建筑，平面呈方形，单檐歇山顶，琉璃瓦面。四根方形石柱粗犷挺拔，柱面雕刻龙、凤、卷草、花卉等图案，线条流畅，技法洗练。柱头由四根大额枋连贯，呈井字形，敦厚稳固。檐下四周斗栱密布，琴面式昂嘴。亭内四面透空，抹角梁上置八角藻井，斗栱层层叠垒，支撑屋顶负荷，既显得庄重典雅，又不失玲珑精巧之效果。

玉皇观建筑群分别保存了元、明、清等时代的建筑，记录了建筑群的发展演变，反映了各时代建筑功能的变化发展，为研究晋东南地区的寺庙建筑提供了重要实物资料。

长治玉皇观正殿

长治玉皇观五凤楼

北和炎帝庙

位置 长治市上党区北呈乡北和村

时代 元代、清代

类型 古建筑

2013年，被国务院公布为第七批全国重点文物保护单位。

北和炎帝庙创建年代不详，据庙内碑刻记载，清乾隆、道光年间均有修葺，炎帝庙现仅存正殿、东西耳殿、东西配殿及东厢房，占地面积122.8平方米。庙院坐北朝南，一进院落布局，中轴线上从南向北有戏台、献亭、正殿，正殿两侧为东西耳殿，还有东西配殿及厢房，钟鼓二楼位于戏台两侧，戏台与钟鼓楼之间辟山门两座，供出入通行。现存正殿为元代遗构，其余皆为清代建筑。

正殿，亦称“五谷神殿”，面阔三间，进深六椽，单檐硬山顶，筒板布瓦屋面。殿内梁架结构为四椽栿对前乳栿通檐用三柱，四椽栿直径约80厘米，为原木略加砍制而成。殿内用前金柱，柱头卷杀和缓明显，柱头上施四铺作斗栱出杪头托梁栿，柱下施仰覆莲柱础。前檐柱头斗栱五铺作，并出45°斜栱，用蚂蚱头和龙形耍头，里转五铺作双杪。

东、西耳殿位于正殿两侧，面阔三间，进深五架，前出廊式，单檐硬山顶。殿内无梁，脊檩、金檩通搭两山，由墙体承重。

东、西配殿，面阔三间，进深四椽，五架梁通达前后用二柱，单檐悬山顶。

北和炎帝庙布局完整，高低错落有致，外形轮廓优美。正殿斗栱用材硕大，气势恢宏，高度为柱高的1/3；梁架粗大，

北和炎帝庙正殿

不甚精工，颇显元代特征。而殿内减柱造及内额做法，具备了元代特有风格。该殿是我国传统建筑由唐宋时期的齐整规范向金元时期的粗犷不羁过渡的典范，是研究我国元代建筑的重要遗存之一，具有很高的科学价值。

北和炎帝庙全景

八义窑址

位置 长治市上党区八义镇八义村

时代 宋代

类型 古文化遗址

1965年，被山西省人民委员会公布为第一批省级文物保护单位。

八义窑址东西长300米，南北宽200米。20世纪50年代对窑址进行过调查发掘，共发现了18座瓷窑遗址，通过对采集到的瓷器和瓷片进行考证，确认为宋代瓷窑。

窑址范围内地表可见残存大量白釉褐花瓷片，在一些暴露的遗址断面上可以看出瓷片、烧料等堆积十分丰富。从遗址上采集到的瓷片和出土器物来看，窑址烧造以碗、盘、杯等日常生活用品为主，以玩具、俑、尊为辅。瓷器的釉色有红釉、白釉、黑釉、绿釉等。瓷器的花纹有划花、印花和剔花等。生产的瓷器品种多、釉色纯正，尤其是该窑独特的釉上红和绿彩装饰堪称一绝，属于北方磁州窑系。

长治八义窑在宋金时期率先烧造出红绿彩瓷器，成为“中国彩瓷发源地”之一，被陶瓷界称为“红绿彩瓷烧制鼻祖”，有着“北方瓷都”之称。在黄河中下游20余处生产红绿彩瓷的窑址中，长治八义窑址规模最大、时间最早、成就也是最高的，为学者们探讨宋金时期的瓷器生产技术、社会生活等方面提供了实物资料。

八义窑址区域航拍图

八义窑址保护标志碑

赵村观音庙

位置：长治市上党区南宋镇赵村

时代：金代至清代

类型：古建筑

2021年，被山西省人民政府公布为第六批省级文物保护单位。

赵村观音庙创建年代不详。该庙坐南朝北，一进院落布局，东西长10.3米，南北宽8.5米，占地面积约87平方米。现仅存观音殿一座，为元代遗构。

观音殿建于高0.9米的石砌台基之上，面阔三间，进深四椽，单檐歇山顶，前廊式建筑。劄牵后对三椽栿通檐用三柱，老角梁后尾搭于三椽栿上，置襻间斗栱承平梁，梁上中立蜀柱承斗栱托脊槫，叉手捧戗。前檐柱头、转角铺作各两朵，均为四铺作单下昂，里转单杪承梁。前檐的补间铺作一朵。两山和后檐的柱头铺作与转角铺作均为四铺作单杪，里转单杪承楷头托梁。殿内存青石质束腰须弥式神台，线刻莲花图案。

观音庙所展现出的价值，主要体现在其整体布局和细部装饰的精湛工艺上。歇山顶的设计既美观又实用，不仅能有效地排水，还具备防御功能。石砌台基的使用，使得整座建筑显得更加稳固而庄重，青石质束腰须弥式神台的精细雕刻，更是将莲花的清雅之美展现得淋漓尽致。

赵村观音庙航拍图

赵村观音庙观音殿正面

北宋玉皇庙

位置：长治市上党区南宋镇北宋村

时代：元代

类型：古建筑

2021年，被山西省人民政府公布为第六批省级文物保护单位。

北宋玉皇庙创建年代不详，原本是一个二进院落，占地面积约为519平方米。现仅存中轴线上的正殿，其为元代遗构，其他建筑皆已毁坏。

正殿位于院落北端，是庙中的核心建筑，建于石砌台基之上，面阔五间，进深六椽，单檐悬山顶，七檩后廊式构架，梁架结构为四椽栿后对乳栿通檐用三柱，四椽栿上立蜀柱两根，蜀柱外侧置劄牵与实拍栱相交，栱上承替木并下平槫。蜀柱底部用合楷稳柱，柱头纵向以枋连构，柱头施襻间铺作承上平槫，与平梁相交。前檐施柱头铺作六朵、补间铺作五朵，均为六铺作三下昂重栱计心造，昂为琴面昂，瓜子慢栱以鸳鸯交首栱的形式相连；里转三杪，重栱计心造，耍头后尾做楷头承栿。后檐柱头施四铺作六朵，乳栿出头做耍头，华栱后尾做楷头承乳栿。

北宋玉皇庙的历史沿革虽然没有详细的记录，但其元代遗构的正殿却保存完好，是晋东南地区元代建筑的代表之一，也是我国建筑史上木结构建筑发展变迁的典型实例之一。通过对正殿建筑结构的分析，可以了解元代建筑对力学设计的巧妙运用，探索古代工匠如何通过复杂的结构设计来保证建筑的稳定性和耐久性。

北宋玉皇庙航拍图

北宋玉皇庙正殿正面

辛庄三嵕庙

上党区

位置：长治市上党区苏店镇辛庄村

时代：元代至明代

类型：古建筑

2021年，被山西省人民政府公布为第六批省级文物保护单位。

辛庄三嵕庙创建年代不详。据庙内碑碣记载，该庙于明正德十二年（1517）、隆庆四年（1570）重修。依据题记记载，清同治六年（1867）曾整修屋顶。该庙坐北朝南，一进院落，占地面积131平方米。现仅存正殿，为元代遗构。

正殿是三嵕庙的主体建筑，面阔五间，进深六椽，单檐悬山顶，正殿的前乳栿对四椽栿通檐用三柱，结构稳固。柱头铺作为五铺作双下昂的形式，当心间和两次间为板门，两梢间则为直棂窗。

三嵕庙内现存碑碣2方。

辛庄三嵕庙在建筑风格上，兼具元、明、清三代的特点。正殿的元代建筑遗构保存较为完整，体现了元代建筑简朴大气和结构严谨的特点。明代的重修使庙宇在原有基础上得到了进一步的完善和美化，而清代的整修则为庙宇的长久保存提供了有力保障。辛庄三嵕庙建筑风格的演变，反映了不同时期的建筑技术和艺术风貌，是研究中国古代建筑演变的重要实例。

辛庄三嵕庙航拍图

辛庄三嵕庙正殿正面

李坊洪福寺

位置 长治市上党区荫城镇李坊村

时代 元代至清代

类型 古建筑

2021 年，被山西省人民政府公布为第六批省级文物保护单位。

李坊洪福寺创建于宋太平兴国五年（980），金、元、明、清等朝代屡次修缮。寺宇坐北朝南，三进院落布局，占地面积 1954 平方米。中轴线上由南向北现存山门、眼光殿、罗汉殿、后大殿；东、西两侧存钟、鼓楼，东、西厢房（东厢房为改建），东、西配殿，东、西廊房等，总计文物建筑 11 座。现存眼光殿、罗汉殿、后大殿为元代遗构，其余皆为明、清遗构。

眼光殿，石砌台基高 0.3 米，面阔三间，进深四椽，单檐歇山顶，四椽栿通达前后檐，前廊式构架。

罗汉殿，石砌台基高 0.5 米，面阔三间，进深六椽，单檐悬山顶，前檐柱为砂石抹八角石柱。

后大殿，石砌台基高 0.3 米，面阔五间，进深六椽，单檐悬山顶，柱头斗栱为五铺作双杪。

寺内现存清乾隆三十二年（1767）《重修眼光圣殿碑记》碑 1 通、金泰和八年（1208）《尚书礼部牒》碣 1 方、清乾隆三十二年布施碣 3 方。

李坊洪福寺历经金、元、明、清多个朝代的修缮和扩建。中轴线三进院落的形式，体现了中国古代建筑的对称美学和空间层次感。寺内主要建筑多为元代遗构，其整体布局也体现了元以来寺庙建筑的规范和传统。

李坊洪福寺正殿正面

李坊洪福寺航拍图

东呈古佛堂

位置：长治市上党区韩店镇东呈村

时代：元代、民国

类型：古建筑

2021年，被山西省人民政府公布为第六批省级文物保护单位。

东呈古佛堂创建年代不详，但据原存碑碣记载，该庙宇在明嘉靖三年（1524）和清嘉庆元年（1796）均有过修葺。东呈古佛堂坐北朝南，一进院落布局，占地面积为832平方米。院落中轴线上由南向北依次为南殿和正殿，两侧仅存东、西配殿各三间。现存正殿为元代遗构，东、西配殿为民国时期所建。

南殿是其核心建筑之一，面阔五间，进深六椽，单檐悬山顶。梁架结构为四椽栿对后乳栿通檐用三柱，柱头斗栱为五铺作双杪。

正殿建筑风格与南殿相似，面阔五间，进深六椽，单檐悬山顶。梁架结构为四椽栿对前乳栿通檐用三柱，梁栿均为圆木原材，柱头斗栱为六铺作单杪双下昂。

东、西配殿均面阔三间，进深四椽，五檩单檐硬山顶。

东呈古佛堂的南殿和正殿建筑保存完整，并以其精美的结构和装饰吸引了众多学者和建筑爱好者。梁架设计和柱头铺作，既保留了传统的建筑元素，又在细节上融入了创新和独特的设计，具有极高的艺术价值。尽管内部装修已不存，但其建筑结构的美感和精巧设计仍令人叹为观止。

东呈古佛堂正殿正面

东呈古佛堂航拍图

东泰山庙

长治市上党区苏店镇原家庄村

明代

古建筑

2004年，被山西省人民政府公布为第四批省级文物保护单位。

东泰山庙创建年代不详。该庙坐北朝南，三进院落布局，东西长135.24米，南北宽28.49米，占地面积约为3853平方米。中轴线上自南向北依次分布着山门、戏楼、献亭、中殿和后殿。在中轴线的东西两侧，对称排列有钟楼、鼓楼、廊房、配殿及耳殿等建筑。现存中殿和后殿依然保留着明代建筑的风貌，其余则是清代建筑风格的体现。

中殿是东泰山庙的主要建筑之一，面阔三间，进深六椽，单檐悬山顶。屋顶铺设琉璃剪边，七檩前廊式构架。

后殿建于高0.25米的石砌台基之上，面阔三间，进深六椽，单檐悬山顶，琉璃屋面，七檩前廊式构架。后殿的柱头斗栱为五踩双下昂出斜栱。

庙内现存有重修碑2通、清嘉庆二十三年（1818）地界碣1方。

从明代到清代，东泰山庙的建筑风格、装饰手法和建筑技术的变化，使它的建筑整体既有明代的典雅稳重，又融合了清代的繁复华丽，体现了中国古代建筑艺术的独特魅力。通过对东泰山庙的研究，可以深入了解明清两代的建筑艺术和文化内涵。

东泰山庙中殿正面

东泰山庙献亭、后殿

南宋村秦氏民宅
（含南宋高楼）

位置：长治市上党区南宋镇南宋村

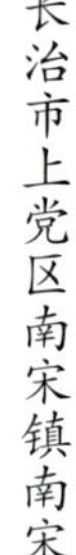

时代：明代

类型：古建筑

2004年，被山西省人民政府公布为第四批省级文物保护单位。

南宋村秦氏民宅坐北朝南，整体建筑布局采用三进院落形式，占地面积达576平方米。中轴线上由南向北依次为倒座南房七间、过厅三间、二进院门及正房。东、西两侧则分别为一进院的东厢房一间、一进院耳房各两间、三进院厢房各三间和三进院耳房各三间。倒座南房东南角设有南向院门，一进院东耳房的东间则开辟为二进院门。

正房为三层楼式建筑，面阔三间，进深四椽，单檐硬山顶。一层明间设板门，次间设圆拱窗；二层明间设隔扇窗，次间设圆拱窗；三层各间设格子窗。

南宋高楼同样是这一建筑群的重要组成部分，其坐北朝南，占地面积为102.9平方米。虽然其创建年代已无从考证，但现存建筑为明代遗构。这座高楼面阔五间，进深四椽，单檐悬山顶，内部结构为五檩无廊构架，楼高五层，楼梯内置。

南宋村秦氏民宅（含南宋高楼）在建筑类型和形制上具有典型的明代风格，同时又展现了山西地方特色的建筑特点。院落布局讲究，主次分明，功能分区明确，建筑结构稳固，材料选用考究。正房的木雕和砖雕技艺尤为突出，其艺术表现形式多样，题材丰富，既有花鸟虫鱼，又有历史人物、神话传说，工艺精湛，栩栩如生，显示出古代工匠高超的雕刻技艺和丰富的艺术想象力。

南宋高楼

南宋村秦氏民宅（含南宋高楼）航拍图

长治县都城隍庙

位置 长治市上党区西火镇南大掌村

时代 清代

类型 古建筑

2004年，被山西省人民政府公布为第四批省级文物保护单位。

长治县都城隍庙创建年代不详。该庙坐北朝南，整体布局采用一进上下两院的形式，占地面积达977.9平方米。中轴线上从南向北依次排列着山门（戏台）、献亭和正殿，两侧对称分布着钟楼、鼓楼，东、西看楼，东、西配殿，东、西耳殿。

正殿是该庙的主体建筑，建在高0.65米的石砌台基之上，面阔三间，进深五椽，单檐硬山顶，屋顶以琉璃剪边装饰。梁架结构为六檩前廊式。柱头科装饰性斗栱。明、次间均设隔扇门。

庙内现存清顺治二年（1645）、清光绪十年（1884）和1914年的3通重修碑。

长治县都城隍庙正殿的琉璃剪边、斗栱雕饰以及整体建筑布局的和谐对称，都展现了古代工匠的智慧和审美。此外，庙宇的多次修缮记录也为研究古建筑的维护和保护提供了宝贵经验。

长治县都城隍庙正殿正面

长治县都城隍庙航拍图

赵村玉皇庙

位置：长治市上党区南宋镇赵村

时代：明代至清代

类型：古建筑

2016年，被山西省人民政府公布为第五批省级文物保护单位。

赵村玉皇庙始建年代无考。该庙坐北朝南，一进院落布局，平面呈长方形，东西宽26.02米，南北长30.17米，占地面积785.02平方米。中轴线上由南向北依次为山门、正殿；两侧为东、西耳房，东、西配殿，东、西妆楼。现存建筑为明、清遗构。

正殿梁架为彻上露明造抬梁式，面阔五间，进深六椽，前后劄牵用四柱，劄牵置于前后柱头铺作和老檐柱之上，老檐柱上承异形斗栱，斗栱上为四椽栿，四椽栿上立两根方形抹棱蜀柱，柱头阑额连接，上承普拍枋，其上为平梁，平梁上立蜀柱，上承丁华抹颏栱，脊槫两侧叉手稳固，共同维系着檐部结构的稳固。柱头科五踩双昂，昂为卷尾形，耍头制成龙首形，横栱圆雕和高浮雕的技法雕成卷云状。平身科每间一攒，五踩双昂，二跳昂雕为卷尾形，一跳昂雕为象头形，耍头为龙首形，两侧装饰龙须，出斜栱两缝，为卷云状。

东、西耳房位于正殿两侧，从现存建筑遗构特征判断应为清代建筑，面阔三间，进深六椽，两层硬山顶。梁架为彻上露明造抬梁式，前后劄牵，劄牵与老檐柱、墙体连接，老檐柱与后檐劄牵上蜀柱承托起四椽栿，四椽栿上置两根蜀柱，蜀柱柱头用襻间连接，上承平梁，平梁上立蜀柱，上承丁华抹颏栱，

赵村玉皇庙正殿柱头斗栱

赵村玉皇庙正殿正立面

赵村玉皇庙航拍图

脊槫两侧叉手稳固。

东、西配殿从现存建筑遗构特征判断应为清代建筑，面阔五间，进深四椽，单檐硬山顶。梁架为彻上露明造抬梁式，劄牵对三椽栿，三椽栿上立两根蜀柱，蜀柱柱头用襻间连接，上承平梁，平梁上立蜀柱，上承丁华抹颏栱，脊槫两侧叉手稳固。

庙内现存明万历三十九年（1611）的功德碣1方、清乾隆四十八年（1783）重修碑1通。

赵村玉皇庙经过多个时期的修缮和重建，在明清时期达到了较为完善的规模与形态，又历经几百年的风雨洗礼，依然保存完好，尤其是其独特的建筑风貌和丰富的历史文化内涵，使其成为研究古代建筑的重要实物。

王坊三神庙

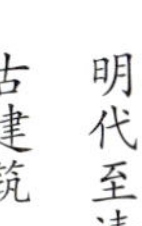

位置：长治市上党区荫城镇王坊村

时代：明代至清代

类型：古建筑

2016年，被山西省人民政府公布为第五批省级文物保护单位。

王坊三神庙创建年代不详。该庙坐北朝南，一进院落布局，东西宽23.5米，南北长46.43米，占地面积1091.11平方米。中轴线上由南向北依次为大门（近现代建筑）、正殿；两侧有东、西厢房（近现代建筑），东、西廊房，东、西厦棚，东、西耳殿，均为清代遗构。

正殿为该寺庙最核心的建筑，面阔五间，进深六椽，单檐悬山顶。正殿内梁架为抬梁式彻上露明造结构，四椽栿后接乳栿通檐用三柱。前檐斗栱为五铺作双下昂，共六攒。后檐施石柱六根，全部包砌于墙内。柱头普拍枋，阑额纵向连构，上施斗栱四铺作单下昂，耍头后尾即为乳栿。

王坊三神庙内现存清乾隆十一年（1746）、清嘉庆十年（1805）、1919年重修碑3通。

王坊三神庙内碑碣的内容详细记录了历次重修的时间和参与者，为研究清代地方社会经济和文化提供了重要的参考。

王坊三神庙航拍图

王坊三神庙正殿正立面

大峪关帝庙

位置 长治市上党区荫城镇大峪村

时代 明代至清代

类型 古建筑

2021 年，被山西省人民政府公布为第六批省级文物保护单位。

大峪关帝庙的历史可以追溯到明万历十六年（1588），历经清道光四年（1824）和光绪三十年（1904）等年代的多次修葺。该庙坐北朝南，二进院落布局，占地面积达 1909 平方米。中轴线上由南向北依次排列着倒座戏台（基址）、正殿，东西两侧为廊房。

正殿位于中轴线的北端，是庙宇的核心建筑，建于砂石砌筑的台基之上。台基长 11.3 米，宽 2.9 米，高 1 米，为正殿提供了坚固的基础。正殿面阔七间，进深六椽，单檐悬山顶，琉璃脊饰，七檩前廊式构架，五踩双下昂斗栱，各间均设有四扇六抹头隔扇门。

东、西廊房位于院落的东西两侧，面阔三间，进深四椽，单檐悬山顶，是清代建筑的典型代表。

庙内现存明、清重修碑 4 通、碣 3 方。

大峪关帝庙的价值在于其保存完好的明、清建筑遗存。正殿的建筑结构和装饰细节，如五踩双下昂斗栱和琉璃脊饰，展示了明代建筑的高超技艺和独特风格。廊房的简洁设计和合理布局，则体现了清代建筑的实用性和美学价值。整个庙宇建筑群布局严谨，空间组织合理，充分展示了古代建筑师的智慧和技艺。

大峪关帝庙正殿正面

大峪关帝庙航拍图

横河玉皇庙

位置 长治市上党区荫城镇横河村

时代 清代

类型 古建筑

2021年，被山西省人民政府公布为第六批省级文物保护单位。

横河玉皇庙创建于明景泰五年（1454），清康熙四十五年（1706）大修。该庙坐北朝南，一进院落布局，占地面积886平方米。中轴线上仅存正殿，两侧有东西配殿、东西碑廊、东西耳殿。现存建筑皆为清代遗构。

正殿，建在高1.4米的石砌台基之上，面阔五间，进深三椽，单檐悬山顶，琉璃剪边，柱头科五踩双下昂，因殿内吊顶，梁架结构不明，新设隔扇门窗。

东、西配殿，位于玉皇庙东西两侧，建筑形制基本相同，面阔十间，进深五椽，单檐硬山顶，六檩前廊式构架。

东、西耳殿，位于正殿东、西两侧，建筑形制基本相同，面阔三间，单檐硬山顶，原隔扇装修不存，代之以墙体。

东、西碑廊，位于东、西耳殿与东、西配殿之间，建筑形制基本相同，面阔三间，单檐硬山顶。碑廊内保存明代重修碑2通。

横河玉皇庙作为一座有着近600年历史的古代建筑，见证了明清两代的社会变迁和建筑艺术的发展。庙内保存至今的明代重修碑文，为研究这一时期的历史提供了重要的实物资料。正殿的五踩双下昂结构和琉璃剪边装饰，不仅增强了建筑的美观性，还反映了当时工匠在木结构建筑方面的创新与巧思。配殿、耳殿及碑廊的对称布局和统一风格，展示了古代建筑师在空间规划和整体设计方面的独到见解。横河玉皇庙不仅是一座具有深厚历史文化底蕴的古建筑，更是一件融合了建筑艺术、历史价值和科学价值的瑰宝。

横河玉皇庙航拍图

横河玉皇庙全景

先师和尚舍利塔

位置　长治市屯留区上莲综合服务中心交川村

时代　唐代

类型　古建筑

2013年，被国务院公布为第七批全国重点文物保护单位。

先师和尚舍利塔位于北老爷山顶的金禅寺内。据《屯留县志》记载，金禅寺始建于唐代。

先师和尚舍利塔平面呈方形，中空，边长约2.5米，共有9层，塔刹已毁，残高11.1米。塔身底部为红砂岩包砌的方形基座，边长约3.3米，高0.98米。塔身第一层壁面仅高1.52米，其四面辟门，南侧为方形门洞，其余三面为仿木构斜方格子门，塔门左右各设一仿木构直棂窗。塔身自第二层以上逐级收分，各层塔檐均为叠涩屋檐，檐下不再设窗，除第一层塔身上设仿木构门窗外，塔身再无其他仿木构装饰。塔体内部为砖砌穹隆顶，内有宋乾德四年（966）题记：“维大宋国乾德四年岁次丙寅八月癸巳朔十日壬寅修毕。”根据题记和塔体建筑形制判断，此塔应属唐代遗物。

先师和尚舍利塔是山西为数不多的唐代密檐式砖塔，其造型、结构及塔身仿木构砖雕等，对研究山西古塔发展演变具有重要的历史价值。

先师和尚舍利塔全貌

先师和尚舍利塔东立面

宝峰寺

位置：长治市屯留区路村乡姬村

时代：元代至明代

类型：古建筑

2006年，被国务院公布为第六批全国重点文物保护单位。

宝峰寺始建年代不详。据水陆殿板门后门盘题记载，明成化五年（1469）重修。寺院坐北朝南，占地面积约2800平方米。中轴线上依次有山门（天王殿）、水陆殿、五方佛殿，两侧有东、西配殿。现存建筑五方佛殿为元代遗构，其余皆为明代遗构。

五方佛殿位于院落最北端，面阔五间，进深六椽，单檐悬山顶。檐下斗栱为五铺作双下昂，梁枋用材硕大，梁架结构为四椽栿对后乳栿通檐用三柱，元代特征显著。

水陆殿居于院落中央，面阔五间，进深六椽，单檐歇山顶，筒板布瓦屋面。檐下柱头斗栱三踩单昂，不设平身科斗栱。板门后门盘有“成化五年闰二月五日造”题记，殿内山墙残存壁画17平方米。

宝峰寺保存了元至明时期的建筑，记录了建筑群的发展演变，反映了各时代建筑功能的变化发展，为研究晋东南地区的古建筑提供了珍贵的实物资料。

宝峰寺山门正立面

宝峰寺远景

宝峰寺水陆殿正立面

石室蓬莱宫

2013年，被国务院公布为第七批全国重点文物保护单位。

石室蓬莱宫创建年代不详，明清时期皆有修葺。蓬莱宫坐北朝南，一进院落布局，占地面积1210平方米。中轴线上及两侧依次建有戏楼及两侧耳楼、东西廊房、献厅及左右的圣母殿、祖师殿（真武大帝殿）、正殿玉皇殿。正殿、圣母殿、祖师殿为明代建筑，其余为清代建筑。

正殿面阔三间，进深四椽，单檐悬山顶，筒板布瓦屋面。殿内六椽栿通前后檐通檐用三柱。柱头斗栱为偷心造四铺作双下昂。前檐明间设板门，两次间设直棂窗。正殿前连着献殿，其东西有圣母殿、真武大帝殿各三间。

献厅面阔三间，进深一间，单檐卷棚顶。平面呈矩形，两山以墙承重，明间四根六棱形肥壮石柱支撑梁架。山门坐北朝南，由上下两部分组成，下为入庙通道，上为倒座戏台。台口由四根圆形石柱支顶前檐，柱脚落在青石雕刻的石墩座上。台内有东西隔扇和出入门庭，“蓬莱宫阙”和“阳春白雪”是戏楼的特殊风韵。戏台上还有木刻屏风“醉八仙”。两侧依次有耳房各两间，双侧有廊房各七间。

石室蓬莱宫古建筑分布在中轴线上及两侧，正殿端庄雄伟，

位置 长治市屯留区路村乡石室村

时代 明代至清代

类型 古建筑

石室蓬莱宫献厅

献厅简洁明快，圣母殿与祖师殿相拥左右，整体布局由高向低，错落有致，呈扇状分布。该庙建制齐备，保存完整，在当地同类古建筑中实属少见。戏楼柱头雀替与木质屏风上浮雕、透雕的龙凤花卉与戏曲人物，刀法流畅，形象生动，技艺精湛，是研究明清时期美学思想与艺术发展的不可多得的重要资料。

石室蓬莱宫戏台正立面

石室蓬莱宫山门

脑张遗址

位置 长治市屯留区李高乡西魏村

时代 新石器时代、商代

类型 古文化遗址

1996年，被山西省人民政府公布为第三批省级文物保护单位。

脑张遗址地势平坦，东连东魏村，北依翠屏山，南望司徒岭，玉溪河环绕而过。遗址总面积约12万平方米，年代包含新石器时代、商代等。遗址系1980年文物普查中被发现；1986年之后，省、市、县文物部门多次对遗址进行了复查与调查。

该遗址文化层厚约0.6米，发现灰坑10多处。采集有新石器时代龙山文化晚期的夹砂灰陶绳纹罐、鬲残片与泥质灰陶绳纹陶片；商代遗物鬲、豆、盘等残片。

脑张遗址面积较大，文化内涵丰富，为该地区新石器时代、商代的考古文化研究提供了实物资料，具有重要的保护价值与研究价值。

脑张遗址标志碑正立面

脑张遗址远景

脑张遗址近景

上党关遗址

位置：长治市屯留区西流寨综合服务中心黑家口村摩诃岭之巅

时代：战国、明代、清代

类型：古文化遗址

2021年，被山西省人民政府公布为第六批省级文物保护单位。

上党关遗址属于屯留地区明清时期的驿站，坐北朝南，东西宽16.6米，南北长20.95米，占地面积347.77平方米，年代包含战国、明、清等几个阶段。

现摩诃岭之巅遗存院落围墙、建筑、院面均使用条石砌筑而成。条石以青石和黄砂石为主。驿站原有南房、北窑等建筑，历经岁月风雨，南房现状仅残存后墙，北窑3孔窑洞全部塌顶，仅存部分墙体。东、西两侧围墙各留存石砌拱券门1座，西墙外留有水井。东侧拱券门向东延伸留存有古驿道，砂石路面，宽约2.6米，顺山势而下，在山腰处还留有一段，现状可明显辨析的古驿道总长约200米。驿站遗址向西约560米，还有历史上同属上党关的龙王庙一处。龙王庙坐北朝南，现存窑洞3孔和神龛1座。驿站旧址向南约180米的山石峭壁上，留存石刻佛像一处，同属于上党关遗址。

上党关遗址所处地理位置险要，是古代兵家必争之地，反映了该地区在当时的军事战略地位。上党关作为上党地区的西大门，东西两侧还有吴寨、华寨、边寨等要塞关卡相互接应，在军事防御上有着重要作用。

上党关遗址全景

上党关遗址近景

崇福院

位置：长治市屯留区路村乡王村

时代：金代、元代

类型：古建筑

1996年，被山西省人民政府公布为第三批省级文物保护单位。

崇福院始建年代不详。据院内现存石碣可知，金崇庆元年（1212）院名为“崇福院”。崇福院坐北朝南，一进院落布局，占地面积约2400平方米。中轴线上由南向北依次为天王殿（山门）、正殿，两侧为东西厢房、耳殿等。

正殿建于高约1米的台基上，面阔三间，进深四椽，单檐悬山顶。殿内彻上露明造，梁架结构为前三椽栿对后劄牵通檐用三柱，三椽栿上施驼峰、交栿斗以承托平梁。檐柱柱头卷杀和缓，柱头斗栱为四铺作单杪，耍头蚂蚱式，泥道栱上施素枋两层，慢栱为隐刻，令栱上托短替木承托橑檐枋，无补间铺作。殿内梁枋规整，用材硕大。

院内存金崇庆元年石碣1方。

崇福院见证了寺院自身发展演变的历史，为研究屯留区地方建筑的风格特征提供了材料。

崇福院全景

崇福院正殿

上村双桥

位置 长治市屯留区上村镇小河北村、积石村

时代 金代、明代

类型 古建筑

2016年，被山西省人民政府公布为第五批省级文物保护单位。

上村双桥指仙济桥、积石桥，现存两桥皆为黄砂石桥。

仙济桥（西桥），创建年代不详，现存为金代遗构。该桥为单孔砂石结构的拱形桥，现存桥体南北长29.3米，东西宽6.5米。桥面系用条石东西向横铺，两侧设栏板、望柱，部分栏板浮雕“二龙戏珠”和“狮子滚绣球”图案。石桥拱券为分节并列法砌筑，拱券以双心圆相交成一弧形拱，净跨约13米，券石均以长短不一的条石砌筑，其上施护拱石一层。石桥两侧券脸石随拱券石弧度隐刻凸起装饰性线条两道，其内以压地隐起法雕刻连续的卷草图案，间或雕荷花、菊花图案，拱券上部龙门石两侧券脸石以剔地起突法各雕刻汲水兽一只。

积石桥（东桥），坐落在积石村通向上村镇南北向的土路上，现存为明代遗构。该桥为单孔砂石结构的拱形桥，现存桥体南北长60米，东西宽6.3米。桥面系用黄砂石质地条石东西向横铺，两侧望柱、栏板为近年修缮时补配。拱券为纵联砌筑，拱券以双心圆相交成一弧形拱，净跨7.3米，券石均以长短不一的条石砌筑，其上施护拱石一层。石桥两侧券脸石随拱券石弧度隐刻凸起装饰性线条两道，无汲水兽。

上村双桥之仙济桥

上村双桥之积石桥

上村双桥是金、明时期桥类建筑的典型代表，反映了不同时期石拱桥的构造特征，展现了我国古代拱桥的券拱技术和特定历史时期拱桥的造型艺术，见证了当地交通设施的变迁，具有很高的文物价值。

原起寺

位置 长治市潞城区黄牛蹄乡辛安村东

时代 宋代

类型 古建筑

2001 年，被国务院公布为第五批全国重点文物保护单位。

据文献记载，原起寺创建于唐天宝六年（747），宋元祐二年（1087）建青龙宝塔，元、明、清历代屡有修葺。寺庙坐北朝南，一进院落布局，总占地面积 1200 平方米。中轴线上由南向北依次为献亭、大雄宝殿，东侧为配殿，西侧为青龙宝塔。现存大雄宝殿及青龙宝塔为宋代遗构。

大雄宝殿建在高 0.63 米的石砌台基上，面阔三间，进深四椽，单檐歇山顶。梁架为三椽栿对后劄牵通檐用三柱。檐下柱头斗栱为四铺作单杪，耍头呈短昂批竹式，无补间铺作。栌斗直接坐柱头之上，阑额不出头。殿内后檐墙及两山面设有佛台，原塑像已毁。

青龙宝塔又名“大圣宝塔”，平面呈八角形，为七层砖砌密檐式塔，高约 17 米。塔身一至三层为空心。塔身逐层收分，轮廓挺拔秀美。

寺内存残碑 1 通、经幢 1 座、残造像碑 1 通。

原起寺大雄宝殿及青龙宝塔展现了宋代建筑风貌，反映了晋东南地区的建筑风格、建筑手法，是研究长治地区宋代建筑的珍贵实例。

原起寺全景

原起寺青龙宝塔

原起寺献亭、大雄宝殿

东邑龙王庙

位置：长治市潞城区成家川街道东邑村

时代：金代至清代

类型：古建筑

2006年，被国务院公布为第六批全国重点文物保护单位。

东邑龙王庙创建年代不详，金代至清代均有维修。该庙坐北朝南，二进院落布局，南北长60米，东西宽26.2米，占地面积1572平方米。中轴线上由南向北依次为山门、戏台、正殿，两侧分列东西下厢房、东西上厢房、东西廊房、东西耳殿。现存正殿为金代遗构，其余为清代建筑。

正殿建在高1.2米的台基上，面阔三间，进深六椽，单檐悬山顶。殿内梁架采用彻上露明造，为四椽栿对前乳栿通檐用三柱，四椽栿上设蜀柱、襻间斗栱承平梁，平梁上设侏儒柱、大斗、叉手、丁华抹颏栱承脊槫。殿内采用减柱造，减去后槽金柱两根。前檐辟廊，柱头斗栱为五铺作单杪单下昂；补间铺作每间一朵，45°出斜栱。前廊檐柱柱头卷杀显著，覆盆式柱础，隐刻盘龙及花卉图案。殿顶饰琉璃脊兽，施筒板布瓦。

戏台面阔三间，进深四椽，单檐硬山顶。为两层建筑，一层明间下为通道，二层侧面及背面全部封护。梁架为五架梁通达前后檐，前檐柱头科、平身科斗栱均为三踩单昂，昂为如意昂，龙首耍头。

山门面阔三间，进深四椽，单檐硬山顶建筑。

东邑龙王庙是潞城区保存较好的一处金代至清代建筑群，为研究古代寺庙建筑提供了重要的实物资料。

东邑龙王庙山门

东邑龙王庙正殿

东邑龙王庙全景

李庄文庙

位置　长治市潞城区黄牛蹄乡李庄村

时代　金代至民国

类型　古建筑

2013年，被国务院公布为第七批全国重点文物保护单位。

据志书与庙内金石题刻记载，李庄文庙始建于金泰和至大安三年（1201—1211），元至治元年（1321）重修。庙院坐北朝南，一进院落，占地面积约1122平方米。现存有大成门、大成殿、东西耳殿和东西厢房，其中大成殿为金代遗构，山门是明代风格，其余皆为清代、民国时期建筑。

大成殿面阔三间，进深三间，单檐歇山顶。殿内梁架形制是六椽栿通达前后檐通檐用两柱。脊槫下施两材襻间枋，隔间不闪，平槫下用捧节令栱承平梁，檐下布列铺作七朵，柱头铺作为四铺作单杪双下昂，出45°斜栱，做琴面式昂和蚂蚱形耍头。补间铺作是在素枋上隐刻异形栱，枋间以散斗隔承。筒板瓦屋面，琉璃脊饰，脊刹上有元至元元年烧制题记。

大成门位于山门与大成殿之间，面阔三间，进深五架，单檐悬山顶。平面呈矩形，两山砌墙承重，前后檐口敞开，以圆形木柱承梁。木柱下脚施用青石质础石，柱头架设通间长的檐额，额下安装木雕雀替。檐下布列五踩重昂斗栱，栱头皆雕刻卷草纹饰，平身科斗栱出45°斜栱。

大成殿正脊为琉璃烧制，正脊两面各雕4条盘踞行龙，正吻之尾饰小龙，头上尾下，脊刹有“至元元年李君仁捏烧吻脊”题记，是省内为数不多的有明确纪年的元代琉璃艺术品。特别是大成殿的鸱吻，是具有年代和类型独特性的典型代表。

庙内还保留有元、明、清时期碑碣3通（方）。

李庄文庙大成殿是一座有明确纪年的元代木构建筑，其斗栱用材、举折以及斗栱总高、斗栱与柱高、柱高与出檐等各比例关系真实地保存了元代建筑的科学技术资料，成为判定当地无纪年元代建筑的重要技术参照指标。其柱径与柱高的比例为1:10.95，这种柱高超越间广的做法、柱高与出檐的比例、柱高与斗栱总高的比例等，保存和记录了古代建筑风格、手法特征由元代向明代过渡的重要环节和发展过程。

李庄文庙全景

李庄文庙大成殿

潦河头关帝庙

位置　长治市潞城区黄牛蹄乡潦河头村

时代　元代至清代

类型　古建筑

2019年，被国务院公布为第八批全国重点文物保护单位。

潦河头关帝庙创建年代不详。关帝庙坐北朝南，占地面积786.2平方米。关帝庙被道路分割成两个院落，北侧院落中轴线上由南向北依次建有戏台、正殿，两侧有东、西妆楼和东、西耳殿；南侧院落由南向北依次建有南殿、观音殿。现存正殿为元代遗构，其余为清代遗构。

正殿建于石砌台基之上，前出月台和踏跺。面阔五间，进深六椽，前出廊，单檐悬山顶，筒板布瓦屋面。殿内梁架用材粗犷，结构为四椽栿对前乳栿通檐用三柱。檐下斗栱为五铺作双昂重栱计心造。前檐明间辟板门，次间设直棂窗装修。殿内所存清代彩绘和墨画依稀可见。

山门由两部分组成，下部为入庙山门，上部为倒座戏台，台上有屏风，屏风上题“云梯、月宫”字样。

庙内存明成化十五年（1479）碑，清康熙十七年（1678）《重修乐楼碑》各1通。

潦河头关帝庙建筑配置相对完整，反映了潦河头地方上纪念关公的习俗。其正殿是潞城区保存较早的一处元代建筑，用材及构件比例协调，结构合理，具有较高的历史和科学价值，为研究潞城区的元代寺庙建筑提供了重要的实物资料。

潦河头关帝庙全景

潦河头关帝庙正殿

李庄武庙

位置　长治市潞城区黄牛蹄乡李庄村

时代　元代、清代

类型　古建筑

2013年，被国务院公布为第七批全国重点文物保护单位。

李庄武庙又名“关帝庙”，始建年代不详，据庙内光绪二十八年（1902）重修碑记及维修大殿时所见元至大二年（1309）修造题记，李庄武庙应为元代建筑，清道光和光绪年间曾有修葺和增建。李庄武庙坐东朝西，东西长57米，南北宽22米，占地面积1254平方米。中轴线上由西向东依次遗有山门、鼓楼、香亭、大殿；两侧存北耳殿，南、北配殿，南、北厢房，北妆楼。现存大殿为元代遗构，鼓楼为明代遗构，其余皆为清代遗构。

大殿平面呈长方形，面阔三间，进深六椽，前出廊式，单檐悬山顶，筒板布瓦屋面，琉璃脊兽。殿内梁架为四椽栿对前乳栿，斗栱仅设于前廊，为五铺作双下昂计心造，补间铺作出斜栱，耍头蚂蚱形，里转单杪。

香亭面阔三间，进深四椽，前檐为卷棚歇山顶，后檐为卷棚硬山顶。梁架结构为五架梁通达前后檐通檐用两柱。前后檐均设七攒斗栱，雕刻精美。明间檐柱柱础为须弥座形式，各层均雕饰不同花纹。椽子上皆彩绘木材纹理，保存完好，斗栱、檐额雕饰精美。

鼓楼位于山门与香亭之间，筑于石砌台基之上，四角立木柱各一，柱头之上架设搭交檐额。额上设转角斗栱四攒，平身科斗栱四攒，其形制为五踩重昂计心造。斗栱之上设抹角梁四根，叠承老角梁与搭交金檩，再上由戗戗捧雷公柱，形成十字歇山构架。屋顶筒板布瓦，灰陶质脊兽。

山门位于中轴线最西端，两层楼式，面阔三间，进深五架，单檐悬山顶，筒板布瓦屋面。山门前檐出廊，檐墙砌于中金檩轴线位置，居中劈置板门，两次间砖墙砌至椽底，两山筑山墙封闭。由檐墙向后檐利用柱头的承重梁和两山墙铺钉楞木，墁条砖铺成戏台地面。台口另立石柱，与檐墙之间跨置七架梁，其上用瓜柱层叠梁枋构成悬山构架。琉璃筒板瓦屋顶，琉璃脊兽。

李庄武庙采用了坐东朝西的建筑布局形制，是长治地区稀有的神庙布局形制。庙宇在山门之内、大殿之前，于庭院中设立方形十字歇山式鼓楼（清代碑载）一座，是长治地区元代以来建筑布局形制的个例。香亭和大殿的斗栱、眉额、柱础，雕刻华丽，工艺精湛，代表了当地明清建筑的时尚风格和砖木雕刻艺术水平。李庄武庙为研究潞城区的元、明、清寺庙建筑提供了重要的实物资料。

李庄武庙香亭

李庄武庙鼓楼

合室遗址

位置　长治市路城区路华街道合室村东约500米

时代　新石器时代

类型　古文化遗址

1965 年，被山西省人民委员会公布为第一批省级文物保护单位。

合室遗址地处上党盆地的东北犄角地带，东、西、北三面被太行山脉包围，仅南向连接盆地，地势北高南低，高差较大，最高点海拔 1026 米。

遗址于 1956 年被文化部文物普查队发现，分布面积 40 万平方米，时代包含庙底沟二期、龙山文化晚期、夏商时期等阶段。

庙底沟二期典型遗物有小口壶、深腹筒形罐。龙山文化时期遗物有鋬手鬲。夏时期遗物有圈足瓮、沟槽鬲足。商时期遗物有方唇鬲等。

合室遗址近景

合室遗址鸟瞰

潞河古城及墓地

位置 长治市潞城区辛安泉镇潞河村西北约100米

时代 春秋战国

类型 古文化遗址

1986年，被山西省人民政府公布为第二批省级文物保护单位。

潞河古城址平面形状不详。遗址东部现存夯土墙一段，残长约15米，残高约2.5米，夯层厚0.6—0.8米。城址内采集有泥质灰陶高柄浅盘豆、小口长颈壶、深腹罐、小口广肩瓮及绳纹板瓦、筒瓦等残片。古城址现残存有西城墙和北城墙的一部分。

墓地分布在古城址北、潞河村背山面水的向阳坡上。墓地分布面积约20万平方米，地势东高西低，呈阶梯状，地表无封土。1983年、1991年对该墓地进行过抢救性发掘，出土文物丰富。出土青铜器以鼎、豆、壶、盘等为主要组合，还有鉴、罐、编钟、甬钟、戈、矛、剑、镞及车马器等。此外，还有许多玉器、石器、骨器、陶器等。从出土文物分析，东部墓葬时代略早，属春秋中晚期；西部中型墓少，多为小型墓，时代属战国至秦汉时期。

该遗址是历史上西周潞子国、春秋潞子婴儿国的建都之地，见证了当时的政治、经济和文化发展，为研究这一时期的历史提供了实物依据。

潞河古城及墓地保护标志碑

潞河古城及墓地鸟瞰

贾村玉皇庙

位置：长治市潞城区翟店街道贾村

时代：元代、民国

类型：古建筑

2016年，被山西省人民政府公布为第五批省级文物保护单位。

贾村玉皇庙创建年代不详。该庙为一进院布局，占地面积210平方米。现存正殿与西耳殿。正殿为元代遗构，西耳殿为清代建筑。东耳殿于2017年修缮时进行复建。

正殿建于高0.32米的石砌台基上，面阔三间，进深六椽，四椽栿对前乳栿通檐用三柱，单檐悬山顶，屋面琉璃剪边，施琉璃脊兽，柱头斗栱为五铺作双下昂，装修时已改。

贾村玉皇庙大门

贾村玉皇庙正殿

贾村玉皇庙东耳殿

辛安玉皇庙

位置 长治市路城区黄牛蹄乡辛安村

时代 明代至民国

类型 古建筑

2016年，被山西省人民政府公布为第五批省级文物保护单位。

辛安玉皇庙创建年代不详，该庙坐北朝南，一进院落布局，占地面积1068平方米。中轴线上现存山门及正殿，两侧遗有东西妆楼、东西廊房、东西耳殿。现存正殿为明代遗构，其余皆为清代遗构。

山门由两部分组成，下为入庙大门，上为倒座戏台。

正殿建于高0.75米的石砌台基之上，面阔五间，进深六椽，单檐歇山顶，瓦顶近年修改，檐下斗栱为五踩双翘。

辛安玉皇庙全景

辛安玉皇庙正殿

霄寶殿

辛安玉皇庙山门

东天贡玉皇庙

位置 长治市潞城区翟店街道东天贡村

时代 元代、清代

类型 古建筑

2021年，被山西省人民政府公布为第六批省级文物保护单位。

东天贡玉皇庙创建年代不详。玉皇庙坐北朝南，一进院布局，南北长51米，东西宽36米，占地面积1836平方米。中轴线上仅存正殿。两侧从南向北依次为东、西偏殿，东、西配殿，东、西厢房，东、西耳殿。现存正殿为元代遗构，其余均为清代遗构。

正殿，面阔三间，进深六椽，单檐悬山顶。前檐铺作与内额铺作和后檐铺作上出楷头承四椽栿。

东、西配殿位于二进院东、西厢房的南侧，面阔三间，进深四椽，单檐硬山顶，现存梁架结构为通檐五架梁用两柱构造。

东、西厢房位于二进院的东、西两侧，面阔五间，进深四椽，单檐硬山顶。现存梁架为四架梁前接单步梁用三柱构造。

东、西耳殿位于正殿东、西两侧，与正殿共用山墙，面阔三间，进深四椽，单檐硬山顶。现存西耳殿梁架为四架梁前接单步梁用三柱构造，东耳殿为后人改制，现梁架结构为通檐五架梁用两柱构造。

庙内存清咸丰七年（1857）《重修玉皇庙碑记》碑1通。

东天贡玉皇庙大门

东天贡玉皇庙正殿

东天贡玉皇庙斗栱

郭家庄大禹庙

位置　长治市潞城区成家川街道办事处郭家庄村

时代　元代至清代

类型　古建筑

2021 年，被山西省人民政府公布为第六批省级文物保护单位。

郭家庄大禹庙创修于元大德十一年（1307），元（后）至元四年（1338）、清嘉庆十二年（1807）、清道光十五年（1835）屡有修葺。大禹庙坐北朝南，一进院落，占地面积 1120 平方米。中轴线上依次建有山门（倒座戏台）、献殿、正殿，两侧为佛爷殿、大成殿、土地殿、东西夹楼。现存正殿为元代遗构，其余皆为清代建筑。

山门为两层倒座戏台，面阔三间，进深四椽，单檐硬山顶，建筑面积为 57 平方米。

妆楼为两层倒座式，面阔三间，进深四椽，单檐硬山顶，建筑面积为 36 平方米。

正殿面阔三间，进深六椽，单檐悬山顶，梁架采用彻上露明造，五椽栿对前劄牵用三柱，建筑面积为 69 平方米。

献殿面阔三间，进深五椽，单檐卷棚顶。殿内六架梁通达前后檐，上立方形抹棱瓜柱承月梁托枋并脊檩，前檐斗栱五踩双下昂，后檐设一斗二升麻叶头，建筑面积为 53 平方米。

佛爷殿面阔三间，进深六椽，单檐硬山顶前廊式建筑，斗栱为三踩单下昂，麻叶耍头；昂后尾出楂头承抱头梁，建筑面积为 49 平方米。

郭家庄大禹庙鸟瞰

郭家庄大禹庙山门

郭家庄大禹庙正殿

大成殿面阔三间，进深三椽，单檐卷棚顶，斗栱为三踩雕花栱，梁架为四架梁通达前后檐，建筑面积为 71 平方米。

土地殿面阔三间，进深六椽，单檐硬山顶，前设廊，斗栱为一斗二升交麻叶，建筑面积为 36 平方米。

庙内现存碑 6 通，分别为明洪武四年（1371）《重修大禹庙碑记》碑、明隆庆四年（1570）《孔圣碑记》碑、清嘉庆十年（1805）《创修香亭碑记》碑、清道光十五年（1835）《创修大禹庙舞楼碑记》碑，其余 2 通字迹模糊不清。

贾村碧霞宫

长治市潞城区翟店街道贾村

明代至清代

古建筑

2021 年，被山西省人民政府公布为第六批省级文物保护单位。

贾村碧霞宫创建年代不详。碧霞宫为一进院落布局，建筑面积为 66 平方米。中轴线上现存山门（新建）、正殿（东、西耳房不存）、过殿遗址，两侧存有东、西厢房。现存正殿为明代遗构，其余皆为清代遗构。

正殿坐北朝南，面阔三间，进深六椽，单檐悬山顶。四椽栿对前乳栿通檐用三柱。建筑面积 66 平方米。

东、西厢房面阔十七间，进深四椽，前廊式结构，单檐悬山顶。通檐五架梁，用三柱构造，脊瓜柱柱头与脊檩间施襻间斗栱，并用丁华抹颏栱，叉手捧戗于脊檩，建筑面积 246 平方米。

过殿位于院落中部，现仅存遗址，台明上石柱础凌乱分布，占地面积 182 平方米。

东厢房下存放有“重修碧霞宫”碑 4 通。

贾村碧霞宫全貌

贾村碧霞宫大门

元君大殿
玉女有灵波涌石出岱岳顶

贾村碧霞宫正殿

翟店大禹庙

位置：长治市潞城区翟店街道翟店村

时代：明代至清代

类型：古建筑

2021年，被山西省人民政府公布为第六批省级文物保护单位。

翟店大禹庙创建年代不详。该庙坐东朝西，一进院落布局，占地面积约700平方米。中轴线上由西向东依次分布有戏台（山门）、正殿，两侧为廊房、耳房、配房。现存建筑为清代遗构。

戏台（山门）一层为山门，二层为戏台。面阔五间，进深四椽，五檩无廊式构架，单檐硬山顶，占地面积111平方米。

正殿坐东朝西，坐于高1米的台明之上。面阔三间，进深六椽，七檩前廊式构架，单檐悬山顶，占地面积75平方米。

南、北耳房面阔三间，进深四椽，五檩前带廊式，单檐硬山顶，占地面积40平方米。

北廊房（东、西）面阔三间，进深五椽，六檩前带廊式，单檐硬山顶，占地面积各51平方米；南廊房（东、西）面阔三间，进深五椽，六檩前带廊式，单檐硬山顶，占地面积51平方米。

东配房面阔三间，进深五椽，五檩前带廊式，单檐硬山顶，占地面积34平方米；西配房面阔两间，进深四椽，三檩无廊式构架（无前后檐檩），单檐硬山顶，占地面积31平方米。

庙内存碑2通，分别为清嘉庆七年（1802）《增修大禹庙碑记》碑、清道光十八年（1838）《议和神祀碑记》碑。

翟店大禹庙大门

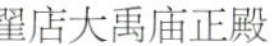

翟店大禹庙正殿

翟店大禹庙戏台（山门）

昭泽王庙

位置：长治市襄垣县王桥镇郭庄村

时代：金代

类型：古建筑

2006年，被国务院公布为第六批全国重点文物保护单位。

昭泽王庙，又名“龙洞庙”。据大殿前檐石柱题记载，昭泽王庙始建于金大定二十七年（1187）。该庙坐北朝南，三进院落布局，占地面积1768平方米。中轴线上从南向北仅存山门、大殿，两侧依次有前院倒座南房各四间，东、西棚楼各五间，东、西配楼各一间；后院东、西配楼各三间，东、西配房各三间，东、西耳殿各三间；耳殿两侧，又设东、西小跨院各一所，西跨院存清代圆门，东跨院院门新建。现存正殿主体结构为金代遗构，其余建筑为清代遗构。

正殿建于石砌台基之上，是供奉昭泽王的主殿，前设月台，面阔三间，进深四椽，三椽栿前对劄牵通檐用三柱，单檐悬山顶，屋顶筒板布瓦琉璃剪边，施琉璃正脊、垂脊及鸱吻。正脊两侧题刻：“本村琉璃匠米代宿米德鲍门徒韩尚交合作。”前檐柱为黄砂石质，四角通体抹棱起线，石柱高三分之二处均开长方形雕花池，楷书阴刻题记，“大定二十七年六月乙酉施柱十一条”；梁头砍成蚂蚱式耍头，泥道栱上隐刻慢栱，补间不设铺作，在正中第一道素枋上隐刻异形栱；后檐无铺作。内部梁架中，毡笠式驼峰和两瓣驼峰、合楷、蜀柱、叉手，均保持了金代建筑风格，三椽栿为自然弯材，断面近圆形。梁架彩绘斑驳，山墙保留部分壁画。

昭泽王庙是上党地区独有的、敕封建祠最早的地方神祠之一。正殿梁架结构简练，用材随意，节点明快合理，是难得的金代建筑实例，在古代建筑艺术和营造法式上起到了承前启后的作用。

昭泽王庙全景

昭泽王庙正殿

襄垣永惠桥

位置　长治市襄垣县古韩镇永惠社区

时代　金代

类型　古建筑

2013年，被国务院公布为第七批全国重点文物保护单位。

据县志记载，该桥始建于金天会九年（1131），明成化七年（1471）、明万历十九年（1591）和清代都曾有修葺，至今仍是出入襄垣县城北门的唯一路径。

永惠桥，南北走向，桥面通长33.6米，宽8.34米，青石结构，单孔拱桥。桥孔跨度长20米，券口距河中心底部为15米。券石均以长短不一的条石砌筑，券石每层6—7块，券石高在45—65厘米之间，合龙石下部最窄处宽27厘米。东西两面券脸石在饰面上，随拱券石弧度隐刻凸起装饰性线条两道，其内雕刻连续卷草图案，券首上部龙门石两侧券脸石上各雕刻回首蛟龙一条，龙门石上刻着盘龙戏水兽。在南北桥墩底层2米高的位置，分别镶嵌着石制虎首一个，雕刻粗犷，虎首面部威严凶猛。

桥面两侧安装着望柱、栏板。一类栏板刻有春秋花卉、人物故事、喜兽游弋等浮雕图案，工艺精湛，造型美观，疑为金代遗物；另一类栏板盆唇之上两端及中间刻荷叶墩承托寻杖，盆唇以下为通长华板，华板上隐刻凸起装饰性线条两道，内雕莲瓣、荷花及走兽等图案，此类疑为明代遗物。望柱有小八角形和方形两种，柱头素面无饰，柱身雕饰人物、马、狮子、花蕾等图案。

襄垣永惠桥不仅从结构上反映了我国古代匠师高超的造桥技术，也从艺术造型上夺得了雕刻艺术的头彩，是我国桥梁建筑的上乘之作，更是桥梁史上不可多得的瑰宝。

襄垣永惠桥栏板

襄垣永惠桥全景

灵泽王庙

位置：长治市襄垣县夏店镇太平村

时代：金代、明代、清代

类型：古建筑

2006年，被国务院公布为第六批全国重点文物保护单位。

据前檐金柱题记载，灵泽王庙于金大安二年（1210）创修，明万历四十六年（1618）重修，清咸丰十一年（1861）创建神楼。庙院坐北朝南，占地面积897.3平方米。中轴线上现存山门（戏台）、正殿，两侧为东、西妆楼，东、西耳殿，东、西厢房。现存正殿为金代遗构，其余为明清建筑。

正殿建于石砌台基上，面阔三间，进深四椽，前檐设廊，单檐悬山顶。梁架结构为三椽栿对前劄牵梁，通檐用三柱。三椽栿前端搭于檐部劄牵之上，后端搭于后檐墙上，栿上设垫墩、大斗、捧节令栱承平梁。梁栿节点用矮柱，简洁明快，整个殿内用材硕大，规范简洁，各构件金代风格非常明显，实属现存金代晚期民间古庙宇建筑之珍品。脊部襻间枋下有清光绪元年补修彩绘题记。前檐廊柱仅设柱头斗栱四朵，五铺作双杪双下昂计心造，琴面式昂嘴，当心间、补间铺作出45°斜栱。前檐廊柱为方形石柱，通体柱角起线，有铭文“大安二年……”字样。柱脚施用素面覆盆式柱础。

灵泽王庙是为祭祀唐李卫公而设，有深厚的历史文化积淀。主体建筑灵泽王殿创建已有800多年历史，是金代中后期山西民间的代表性建筑。灵泽王庙主体建筑梁架结构简洁，斗栱造型丰富，殿宇出檐深远，较为完整地保留了金代建筑技术和建造手法。

灵泽王庙全景

灵泽王庙正殿

襄垣昭泽王庙

位置 长治市襄垣县古韩镇府前社区

时代 元代至明代

类型 古建筑

2013年，被国务院公布为第七批全国重点文物保护单位。

襄垣昭泽王庙，又名“龙洞庙”，创建于唐乾宁元年（894），唐至明、清历代皆有修葺。庙院坐北朝南，占地面积约172平方米。现仅存大殿、献殿，其中大殿为元代建筑，献殿为明万历二十六年（1598）建。

大殿面阔五间，进深六椽，单檐悬山顶，筒板瓦屋面，陶制灰色正脊，台明青石压檐。周檐施柱16根，内柱8根设于前后槽，均为圆柱体。柱头设阑额、普拍枋，呈“T”字形结构，阑额较薄，柱头有卷杀。梁架为四椽栿前对乳栿用三柱。各梁栿上置蜀柱承托平槫节点，蜀柱间以劄牵相连，平梁上立侏儒柱，丁华抹颏栱承脊槫，两端施大叉手，各梁架蜀柱间置襻间枋联结，梁架上部明代维修时曾有改动。斗栱仅设于前檐柱头，为五铺作双昂计心造，耍头昂形（次间为蚂蚱形），里转单杪。栱眼处以蓝色琉璃装饰。

献殿面阔五间，进深三椽，卷棚顶，筒板瓦屋面。后檐连接大殿，通檐用两柱，无斗栱。梁架简约，明代地方风格显著。

襄垣昭泽王庙大殿是一座不可多得的元代晚期建筑，与平顺夏禹神祠大殿等元代晚期建筑，共同构成长治地区元代晚期建筑风格特征的标识，为鉴别同期建筑提供重要的依据。

襄垣昭泽王庙大殿

襄垣昭泽王庙大殿斗栱

襄垣文庙

位置 长治市襄垣县古韩镇府前社区

时代 元代至清代

类型 古建筑

2006年，被国务院公布为第六批全国重点文物保护单位。

据清乾隆四十七年《襄垣县志》载：“文庙在县治东南一百五十步，金天会年间知县韩俊建，元代元贞二年知县傅仲礼重修。”庙院坐北朝南，东西长22.58米，南北宽14.98米，占地面积约338平方米。文庙原有戟门、下马碑、棂星门、德配天地坊、道冠古今坊、天德门、泮池、文昌祠、名宦祠、乡贤祠、藏书楼、东庑殿、西庑殿、大成殿、崇圣祠、尊经阁，现仅存大成殿、西庑殿和藏书楼。

大成殿为元代遗构，面阔五间，进深六椽，单檐悬山顶，梁架结构为四椽栿对后乳栿通檐用三柱，柱头斗栱为六铺作单杪双下昂。大殿内部平面颇具特色，除运用“减柱造法”减去前金柱外，为增加平面使用空间，四根后金柱统一向后移位，增加了大殿空间，是金元时期“移柱和减柱造”建筑艺术手法的典型范例。

襄垣文庙大成殿

襄垣文庙大成殿斗栱

襄垣五龙庙

位置 长治市襄垣县古韩镇永惠社区

时代 元代至清代

类型 古建筑

2013年，被国务院公布为第七批全国重点文物保护单位。

襄垣五龙庙创建年代不详，据《襄垣县志》和庙内碑碣记载，五龙庙大殿重修于元至正十年（1350），明、清历代均有修缮。庙院坐北朝南，一进院落，南北长11.43米，东西宽18.88米，占地面积215.8平方米。现存大殿为元代遗构，山门是明代建筑，西厢房为清代建筑，东厢房为近代改建。

大殿建于高1.12米的石砌台基上，面阔五间，进深六椽，单檐悬山顶，筒板布瓦屋面。平面呈长方形，共施柱20根，内柱4根置于前槽，均为圆柱体木柱，前檐柱略做卷杀。柱础为青石质。梁架结构为四椽栿前压乳栿用三柱，乳栿出头做楮头，后尾压于四椽栿下。梁栿上置蜀柱、劄牵承下平槫，平梁上立侏儒柱承脊槫；各梁架间置襻间枋联结。柱头斗栱为六铺作双杪三下昂计心造，里转双杪；昂呈琴面式，耍头蚂蚱式，补间斗栱每间一朵，每层昂两侧出45°斜栱，其上设斜耍头排列于正身耍头两侧；里转三杪，耍头后尾插于平槫下垂柱中。

山门位于院落南端东侧，面阔三间，进深四椽，单檐悬山顶，筒板瓦屋面。

东厢房位于庙院东侧，面阔三间，单檐硬山顶建筑，梁架极其简易，五架梁通前后檐，梁端承檐槫，两侧叉手共同稳固脊槫。

襄垣五龙庙是我国建筑技术和艺术转折期的重要例证，具有重要的史料和研究价值。大殿前檐斗栱密布檐下，显然是元代早期古朴简洁向华丽繁缛过渡的征兆，更加注重了艺术视觉感，脱离了其功能性和结构性；其梁栿、柱子等构件的加工较元代早期建筑规范精细；其琉璃脊饰，制作精美、色彩纯正，是古代建筑琉璃艺术的珍品。

襄垣五龙庙外部正面

襄垣五龙庙大殿

石勒城遗址

位置　长治市襄垣县西营镇城底村

时代　晋代

类型　古文化遗址

1996年，被山西省人民政府公布为第三批省级文物保护单位。

石勒城遗址背山面水，西、南为悬崖陡岸，山川险固。据清光绪版《山西通志》记载，西晋“建兴中，前赵以封石勒，为上党国。勒僭号，置武乡郡”。石勒城与武乡郡渊源很深。

遗址平面呈长方形，南北长约1000米，东西宽约500米，分布面积约50万平方米。遗址内涵丰富，保存有天子庙、古井、洞穴遗址及各类陶器残片、建筑构件、三菱形箭镞、兵器等遗物，文化层堆积较厚。

现残存东、西、北三面城墙残段。从地表可以看到长约26米的一段夯土墙，基宽约6米，残高约6米，夯土层厚约0.08米，城墙基础大部分清晰可辨。城址内采集有灰陶盆、罐、瓮及板瓦等残片。

石勒城遗址中发现的遗物和遗迹为考古研究提供了丰富的实物资料，有助于深入了解当时的生产生活、军事活动等方面的情况。该遗址为研究两晋时期建筑史提供了宝贵资料。

石勒城遗址远景

石勒城遗址近景

古韩镇古建筑群

位置　长治市襄垣县城内

时代　元代至清代

类型　古建筑

2016年，被山西省人民政府公布为第五批省级文物保护单位。

古韩镇古建筑群由城隍庙、崇福寺、关岳庙、通济桥四处古建筑组成。

城隍庙创建年代不详，据县志记载，明洪武三年（1370）重修，明正德、嘉靖年间均有修建，后世亦有修葺。该庙坐北朝南，二进院落布局，占地面积5942.48平方米。中轴线上现存山门、戏台、寝宫，东西两侧为钟、鼓楼。戏台面阔三间，进深四椽，单檐悬山顶，前檐施十字歇山顶抱厦；寝宫面阔三间，进深六椽，单檐悬山顶，七檩无廊式构架，柱头斗栱五踩双昂，前檐装修改制。庙内存明代碑碣4通（方）。

崇福寺，又名“净福寺”“靖福寺”，俗称“上寺楼”。据清乾隆版《襄垣县志》载，寺庙创建于唐，明嘉靖四十三年（1564）重修，寺前有楼，清乾隆三年（1738）重修。寺庙坐北朝南，占地面积1168平方米。现存上寺楼、东西配殿等。上寺楼为明代建筑，其余为清代建筑。上寺楼是长治地区三大明楼之一，为两层三重檐歇山顶楼阁式建筑，底层四周回廊环列石柱18根，二层檐上设平座回廊一周，一层廊下檐部施一斗二升交麻叶斗栱，两层檐下施三踩单翘斗栱，三层檐下施五踩单翘单昂斗栱。寺内存清代碑碣2通（方）。

关岳庙。据寺碑记载，庙宇始建应不晚于元延祐四年

（1317），元、明、清、民国时期多次重修，1916 年将南宋抗金英雄岳飞与东汉末年蜀国名将关羽并祀，遂改称“关岳庙”。关岳庙坐东朝西，占地面积 800 平方米。中轴线上自西向东建有山门（倒座戏台）、献殿、大殿，两侧为南、北梳妆楼和南、北厢房。大殿为元代创建，面阔五间，进深六椽，前出廊，单檐悬山顶，琉璃脊饰。明间梁架为五架梁压前劄牵用四柱，前廊柱头斗栱为五铺作双下昂。殿内三面墙壁绘有壁画。庙内存元、明碑碣 6 通（方）。

通济桥。据清乾隆版《重修襄垣县志》记载：“通济桥，在县城南门外，成化间致仕县丞邑人王均庆创建，国初知县佟学诗重修。”桥为南北走向，单孔石券结构。拱券以纵连砌

古韩镇古建筑群城隍庙全景

古韩镇古建筑群崇福寺上寺楼

筑法砌筑，券跨 6.2 米，矢高 6.51 米，横跨护城河两岸。桥面以青石条铺设，两侧为青石栏板和望柱相连，桥端以抱鼓石收尾。通济桥是出入襄垣县城南关的唯一通道，沿用至今。

古韩镇古建筑群具有鲜明的时代特征和地方特点，四处古建筑各具特色，是反映晋东南地区元明清时期建筑风格的重要实例。

古韩镇古建筑群通济桥局部

古韩镇古建筑群关岳庙航拍图

常隆三嵕庙

位置 长治市襄垣县侯堡镇常隆村

时代 元代、清代

类型 古建筑

2016年，被山西省人民政府公布为第五批省级文物保护单位。

常隆三嵕庙整体创修情况不详，其正殿创建于元代，明代重修。该庙坐北朝南，一进院落布局，占地面积约1044平方米。中轴线上从南向北依次有山门（戏台）、正殿，两侧为东西廊房、东西配殿、东西耳殿。

正殿为元代遗构，面阔三间，进深四椽，单檐悬山顶，灰陶筒瓦屋面，琉璃脊吻兽。正殿用柱8根，均为圆柱体木柱。梁架结构为四椽栿通前后檐用两柱，四椽栿前端置于前檐柱头铺作上，后尾置于后檐柱头上，四椽栿上设蜀柱承托平槫，四椽栿上设两根蜀柱承托平梁，平梁中部以蜀柱承脊槫，脊槫两侧以叉手支撑。前檐设柱头铺作四朵，均为四铺作单下昂计心造，外一跳出令栱承枋并橑檐槫，后尾承栿，琴面式昂，令栱看面为斜面，蚂蚱形耍头，具有典型的元代特征。

山门（戏台）为两层建筑，一层是三嵕庙的出入口，二层是戏台。山门面阔五间，进深四椽，单檐悬山顶。两层梁架结构为五架梁通达前后檐，前檐柱头科四攒、平身科五攒、角科二攒。

常隆三嵕庙建筑结构科学合理，构件简洁实用，承载着元代、清代等不同时代的历史文化信息，为研究晋东南地区古代建筑的发展演变提供了可靠的实物例证。

常隆三峻庙全景

常隆三峻庙正殿及耳殿

太平周成王庙

位置：长治市襄垣县夏店镇太平村

时代：元代、清代

类型：古建筑

2021年，被山西省人民政府公布为第六批省级文物保护单位。

太平周成王庙创建年代不详，据庙内存碑记载，元至元二年（1265）重修。该庙坐北朝南，一进院落布局，占地面积672.75平方米。中轴线上由南向北依次为山门（戏台）、正殿，两侧为东、西耳殿，上院东、西厢房，下院东、西厢房。现存正殿为元代遗构，其余为清代建筑。

正殿面阔三间，进深四椽，单檐悬山顶。前檐为砂石抹棱方柱，收分、侧脚明显；后檐柱、山柱为砂石方柱，金柱为木柱。当心间梁架为四椽栿通达前后檐用两柱，山面梁架为四架椽屋分心劄牵用四柱。前檐设柱头铺作四朵，为五铺作双下昂，当心间斗栱计心造，耍头蚂蚱头，琴面式昂，第二跳出斜华栱上承斜耍头，栌斗为讹角斗，不设补间铺作。

山门（戏台）为两层建筑，面阔五间，进深四椽。一层明间辟门，二层为倒座戏台。梁架为五架梁通达前后檐。前檐柱头科坐斗之内五架梁与正心瓜栱、随檩枋相交前出耍头，耍头做成麻叶形头。

太平周成王庙内存元碑1通。

太平周成王庙整体布局规整，庄重和谐，左右对称，错落有致，保存有元代、清代时期建筑，为研究晋东南地区元代、清代建筑形制和周成王信仰提供了实物资料。

太平周成王庙全景

太平周成王庙山门（戏台）

流渠观音庙

位置 长治市襄垣县虒亭镇流渠村

时代 元代、清代

类型 古建筑

2021年，被山西省人民政府公布为第六批省级文物保护单位。

流渠观音庙创建年代不详，据庙内现存题记载，其正殿和戏台分别重修于1920年和1918年。观音庙坐北朝南，一进院落布局，占地面积913平方米。中轴线上由南向北依次为戏台、正殿，东侧有配楼三间，配楼南侧接钟楼，西侧配窑三孔，戏台东侧为大门。现存正殿主体构架为元代遗构，其余为清代建筑。

正殿面阔三间，进深六椽，单檐悬山顶，屋顶琉璃脊饰，筒板瓦覆盖。梁架结构为四椽栿压前后劄牵用四柱。四椽栿上施蜀柱承平梁，前后檐上平槫下设襻间铺作；平梁两端承上平槫，中间立侏儒柱、隔架丁华抹颏栱、大叉手承脊槫。前檐设柱头铺作四朵，当心间柱头四铺作单杪，在45°角线出角华栱，不设补间铺作。

戏台为两层，面阔三间，进深四椽，单檐硬山顶，五檩无廊式构架。五架梁上施金瓜柱承三架梁，三架梁两端承金檩，中间立脊瓜柱、隔架丁华抹颏栱、叉手承脊檩。前檐设斗栱七攒，置于檐柱柱头的平板枋上，有柱头科和平身科，均为五踩双翘。

流渠观音庙庙内存禁赌石碣1方。

流渠观音庙建筑保存有元代、清代的时代特征，是晋东南地区体现地方建筑特定做法及审美追求的实例，其正殿体现了元代建筑风格，对研究晋东南地区古代建筑形制及风貌具有重要价值。

流渠观音庙全景

流渠观音庙正殿

仙堂山古建筑群

位置 长治市襄垣县下良镇临漳村

时代 明代至清代

类型 古建筑

1996年，被山西省人民政府公布为第三批省级文物保护单位，公布名称为“响堂山古建筑群”。

仙堂山古建筑群主要由仙堂寺、娲皇宫、黑龙洞及观音洞组成。创建年代不详，清代、民国时期，仙堂山古建筑群经过了多次修建，现存主体为明清建筑。

仙堂寺坐北朝南，三进院落布局，中轴线上由南向北分布有山门、牌楼、正殿、后殿，山门两侧分布钟楼、鼓楼，一进院东、西两侧分别为关圣殿、乐楼，二进院东、西两侧分布东、西配殿，后殿两侧为东、西耳殿。关圣殿面阔三间，进深两间，五檩前廊式构架，前檐斗栱为三踩单昂，单檐悬山顶。寺内正殿檐廊下集中陈列石碑7通，正殿南侧现存石碑1通；大成殿位于仙堂寺西南角，为一处独立院落，殿堂面朝西南，现存石碑1通。

娲皇宫位于仙堂寺之北，是一座依崖而建的两层楼阁式建筑，面阔三间，一层前出廊，单檐歇山顶。现存石碑3通。

黑龙洞位于仙堂寺西南，坐北朝南，由天然岩洞黑龙洞、龙王庙、影壁、山门组成。洞口朝西，石阶两侧现存石狮1对。

观音洞位于仙堂寺西北，为一天然岩洞，洞口建木结构窟檐。现存石碑3通。

仙堂山古建筑群坐落于仙堂山间，仙堂寺布局规整，娲皇宫依崖而建，黑龙洞、观音洞为天然岩洞，是人工建筑与自然环境完美结合的产物，反映了当地明清建筑的风貌，也体现了中国古代崇尚自然、追求天人合一、人与自然和谐相处的理念和审美。

仙堂山古建筑群仙堂寺

仙堂山古建筑群黑龙洞龙王庙

仙堂山古建筑群观音洞

仙堂山古建筑群娲皇宫

天台庵

位置：长治市平顺县北耽车乡王曲村

时代：唐代

类型：古建筑

1988年，被国务院公布为第三批全国重点文物保护单位。

天台庵现仅存正殿（弥陀殿），坐北朝南，占地面积476.75平方米。

正殿面阔三间，进深四椽，单檐歇山顶，琉璃脊饰，举折平缓，出檐深广。台基为料石垒筑，青砖墁地，条石压沿，殿前设踏步。殿身外墙青砖砌筑，周匝立木质圆柱12根，柱头卷杀和缓，柱间施阑额而无普拍枋，阑额至角不出头。柱上施斗口跳，其中前、后檐柱头以四椽栿伸出檐外制成华栱。斗栱中本应安置泥道栱的首层位置以一道素枋贯通各栌斗。转角斗栱在两正身栱之间沿45°角线出华栱一跳。补间斗栱仅有前檐心间一处。殿内梁架彻上露明造，四椽栿通达前后檐用二柱，两山施劄牵不用丁栿，四椽栿背前、后立蜀柱承大斗托平梁，梁、栿间以蜀柱加大斗隔架，平梁上大叉手和侏儒柱组合承脊。翼角处大角梁背施隐角梁和子角梁组合结构，两山不设出际缝架，角椽排列采用平行加辐射的方式。明间施对开板门，两次间设直棂窗。正殿前存石碑1通，已风化，碑文漫漶不清。

天台庵正殿是我国现存唐代木结构建筑的珍贵实例，具有重要的学术价值，为研究我国唐代寺庙建筑提供了实物资料。

天台庵正殿正立面

天台庵正殿屋顶脊饰

天台庵正殿殿内梁架

明惠大师塔

位置　长治市平顺县虹梯关乡虹霓村

时代　五代

类型　古建筑

2001 年，被国务院公布为第五批全国重点文物保护单位。

据明惠大师塔塔铭记载，此处原有“海惠院”，唐乾符四年（877），住持明惠大师逝于该院，五代后唐长兴三年（932）为其建墓塔。现存塔为五代遗构。

塔为石砌，平面呈方形，南向，通高 6.5 米，边长 2.21 米。单层亭阁式塔，通体由塔基、塔座、塔身、塔檐、塔刹五部分组成，整体比例匀称。塔基上置方形塔座，高约 1.5 米，青石垒砌。塔身方形，全由青石雕造，下部为须弥座，束腰部分每面各雕四个壶门，内雕 石狮，上枋四角各雕螭首，现仅存东南角 1 尊；上部为仿木构亭阁形，正面辟门，门上方为半圆形券面，雕伎乐天三躯，门两侧雕金刚像各一；塔身东西侧面雕假破子棂窗，背面嵌有五代后唐长兴三年石碣 1 方。门窗之上装饰有垂幔，四角柱上线刻卷草纹等图案。塔内中空，设方形小室，四壁无雕饰，顶雕方格平綦。正中为八边形雕花。塔檐为单檐四坡，檐下雕弧面雀眼网和檐椽，檐上雕筒板瓦及脊兽。塔刹高耸，逐层收分，由束腰基座、山花蕉叶、仰覆莲、宝珠等构成，顶端以锥形宝珠收刹。

明惠大师塔造型优美，形制典雅，雕刻工艺上乘，是现存五代石塔建筑中的珍品，也是中国古代单层方形石塔中的优秀作品，为研究五代建筑技术和雕刻艺术提供了实物例证，具有较高的历史与艺术价值。

明惠大师塔立面

明惠大师塔壶门石雕

明惠大师塔门周石雕

大云院

位置 长治市平顺县北耽车乡实会村

时代 五代至清代

类型 古建筑

1988年，被国务院公布为第三批全国重点文物保护单位。

据寺内存碑记载，大云院创建于后晋天福三年（938），初名“仙岩禅院”，太平兴国八年（983）敕令改名为“大云禅院”，明、清多次修葺增建。大云院坐北朝南，现存二进院落，占地面积4003平方米。中轴线上由南向北依次为天王殿、弥陀殿、三佛殿，一进院两侧为东、西配殿，二进院其余建筑已毁。现存弥陀殿为五代遗构，其余建筑均为清及民国时期重建。寺外西南约50米处存五代建筑七宝塔一座。

弥陀殿又名“大佛殿”，建于后晋天福五年（940）。面阔三间，进深六椽，平面近方形，单檐歇山顶。殿身施柱一周，柱头卷杀圆和，侧脚、生起显著。柱头相互间除阑额连接外，加施普拍枋，与阑额叠架一起，致断面呈丁字形，转角处阑额不出头。檐下斗栱疏朗，柱头斗栱为五铺作双杪偷心造，耍头为短促的批竹昂形；各间设补间铺作一朵，两次间补间铺作不设在开间中线上，略偏外，与转角铺作联结在一起。梁架为四椽栿对后乳栿通檐用三柱。栿上设两个大驼峰，上置大斗、襻间枋、捧节令栱承托平梁，两侧用长及两架的托脚支撑。殿内梁架上所用驼峰种类达八种。后槽当心间用金柱两根，金柱上不施普拍枋，仍沿袭唐代做法。殿内梁架上尚残存一部分五代彩画。前后檐当心间辟板门，前檐两次间施破子棂窗。殿内东壁、北壁及扇面墙绘有壁画，施以蓝、绿、赭三色，用墨线勾勒，东壁所绘内容为“维摩变相”，扇面墙背面所绘内容为“西方净土变”，是中国寺观中唯一的五代壁画遗作。院内存宋乾德四年（966）、咸平二年（999）石经幢各1座，宋、明、清及民国时期碑刻。

七宝塔耸立于寺外南侧，建于五代后周显德元年（954）。塔为石制，双层重檐八角形，高约6米。塔由双层须弥塔座、双层塔身和三重塔刹组成。塔身造型优美，雕饰丰富生动，尚具唐风。

大云院弥陀殿殿内梁架局部

大云院全景

大云院历史悠久，为研究五代以来当地建筑的发展演变提供了实物资料。弥陀殿是中国仅存的五座五代木构建筑之一，为研究五代建筑提供了珍贵的实物资料。殿内斗、枋、替木等构件上保存有五代彩绘，是中国古建筑中稀有之例。殿内东壁和扇面墙上保存的五代壁画，内容丰富，人物姿态柔丽俊美，唐代画风犹存。

大云院弥陀殿正立面

龙门寺

位置　长治市平顺县石城镇源头村

时代　五代至清代

类型　古建筑

1996年，被国务院公布为第四批全国重点文物保护单位。

龙门寺，原名“法华寺”，又名“惠日院”。寺院创建年代据现存史料可见北齐天保元年（550）、唐代、五代后唐同光三年（925）三种说法。五代后汉、北宋、金代均有建设，元、明、清历代皆有重修。寺院坐北朝南，占地面积5070平方米。寺院现存主体分三路布局：中路中轴线上由南向北依次为天王殿（山门）、大雄宝殿、燃灯佛殿（后殿）、千佛阁遗址，两侧为东西裹角殿、东西配殿、钟鼓楼等，是早期建筑集中区域；东路存门房、圣僧堂、水陆殿、僧舍等建筑，以明末清初建筑为主；西路多为僧舍及库房等附属建筑，以清代建筑为主。现存西配殿为五代遗构、大雄宝殿为宋代建筑、天王殿（山门）为金代遗构、燃灯佛殿（后殿）为元代建筑，东配殿为明代建筑，其余建筑均为清代建筑。主体院落南侧开敞空间存明代增建山门、照壁、金刚殿、八角碑楼等遗址。

西配殿又名“观音堂”，位于中路前院西侧。殿堂建于高0.2米的石砌台基之上，面阔三间，进深四椽，平面呈长方形，单檐悬山顶。殿内梁架四椽栿通达前后檐，上设驼峰、大斗承平梁，平梁上增设驼峰及侏儒柱支撑脊部，两侧置大叉手。柱

龙门寺全景

子筑入墙内，设阑额左右连贯，无普拍枋，阑额至角柱不出头，无补间铺作。柱头四椽栿出头作单材华栱，华栱与第一层柱头枋隐出泥道栱，栌斗和华栱、泥道栱之间有一层替木，形成四铺作斗口跳。该殿梁架结构独特，为五代建筑“平梁上置驼峰、侏儒柱”之先例。

大雄宝殿建于宽大台基上，面阔三间，进深六椽，平面略呈方形，单檐歇山顶。梁架结构为四椽栿对后乳栿通檐用三柱，前檐檐柱均为石柱，略有生起，阑额、普拍枋至角柱均出头，普拍枋上置斗栱，无补间铺作。柱头、转角斗栱为五铺作单杪单下昂，计心重栱造。

龙门寺大雄宝殿

龙门寺西配殿

寺内保存有五代至民国诸多石刻文物，包括碑刻 43 通、墓塔 9 座、经幢 2 座等。此外大雄宝殿存有明清时期十方菩萨壁画，千佛阁遗址台基所处佛洞内存有宋代石雕观音坐像，钟楼内有明代铁钟。

龙门寺历史久远，规模宏大，集五代、宋、金、元、明、清建筑特征于一寺，为研究中国古代建筑的发展提供了珍贵实例，具有极高的文物价值。

佛头寺

长治市平顺县阳高乡车当村

宋代

古建筑

2006年，被国务院公布为第六批全国重点文物保护单位。

据民国版《平顺县志》记载：“佛头寺……因山似佛头，故名。”寺的创建年代不详。佛头寺坐北朝南，占地面积约150平方米。寺院原为二进院落，曾有山门、大殿、三教殿等建筑。现仅存大殿，为宋代遗构。

大殿建于高0.31米的石质台基上，平面近方形，面阔三间，进深四椽，单檐歇山顶，筒板瓦屋面，琉璃脊饰。梁架为三椽栿对后劄牵通檐用三柱，山面用五柱，柱侧脚、生起显著。三椽栿之上立短柱，柱上坐斗，大斗口内前后出平梁，两侧出栱。平梁中部立蜀柱，蜀柱下置合楷稳固，柱头上置栌斗，斗内丁华抹颏栱与顺脊串相交承脊槫，脊槫两侧用叉手支撑。前后檐设柱头和补间铺作，两山面仅设柱头铺作，四角施转角铺作。柱头斗栱为五铺作双下昂，耍头蚂蚱头、昂嘴琴面式；前后檐补间铺作每间一朵，当心间出斜栱。前后檐当心间施板门，两次间前檐置直棂窗。2010年，维修大殿时发现大殿壁画36.6平方米。壁画绘制于殿内东、西两面山墙及后檐墙上，运用沥粉堆金、工笔重彩等技法，展现了佛教的护法诸神二十四诸天。

寺南侧存重修碑。

佛头寺大殿保留了宋代建筑应有的特色和风格，为研究晋东南地区宋代建筑提供了珍贵实例，也是车当村历史、文化发展历程的重要见证。

佛头寺大殿转角铺作

佛头寺大殿正立面

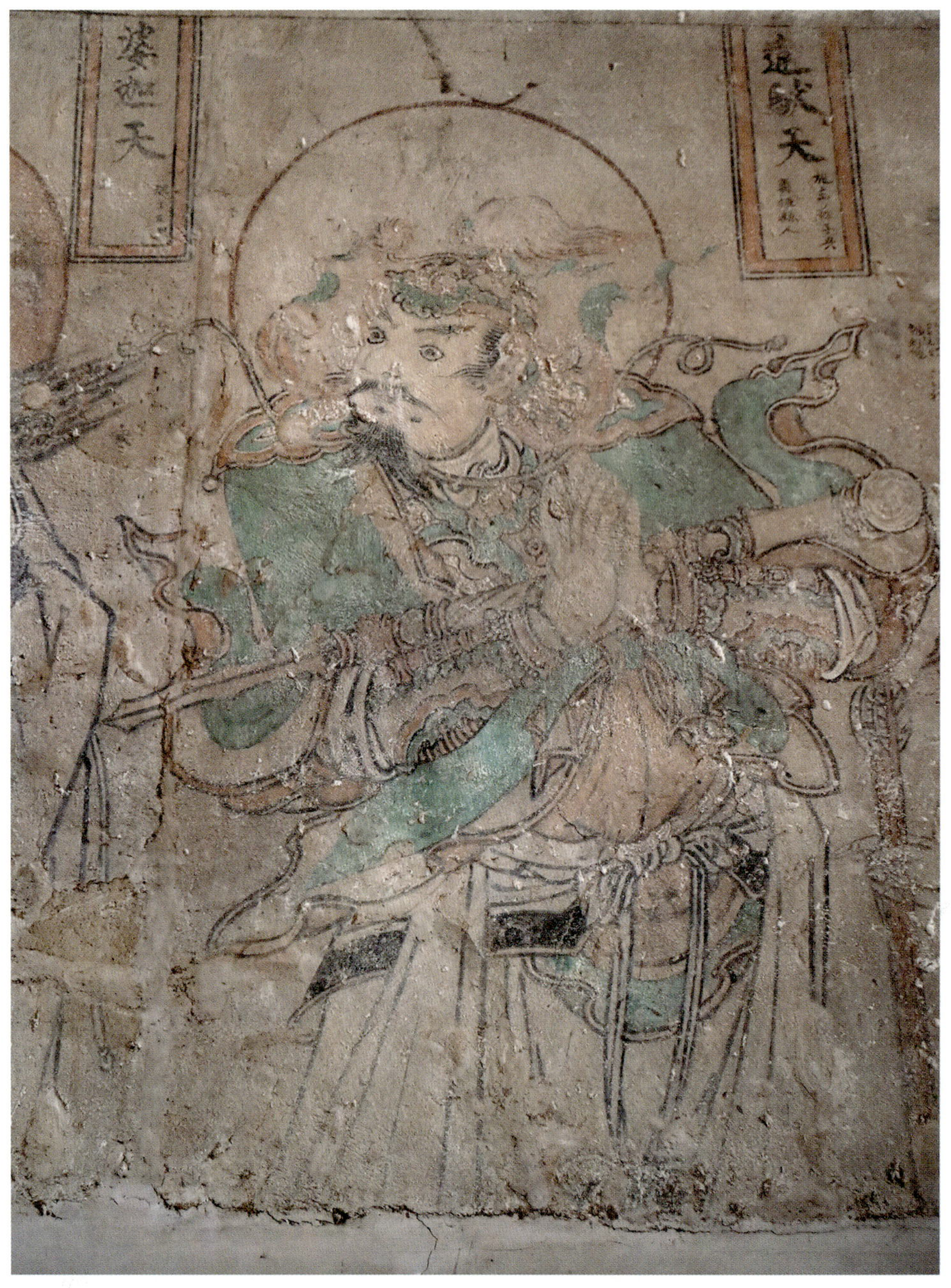

佛头寺大殿壁画局部

九天圣母庙

位置　长治市平顺县北社乡东河村

时代　宋代至清代

类型　古建筑

2001年，被国务院公布为第五批全国重点文物保护单位。

据九天圣母庙内现存碑碣记载，该庙创建于隋唐，宋元符三年（1100）重建，元、明、清历代屡有重建、续建，在明代已具规模。九天圣母庙坐北朝南，占地面积约3450平方米。庙分为上、下两院，上院又称“庙院”，于山门外有香道通达下院，下院又称“观院”。上院为庙主院，一进院落布局，中轴线上由南向北依次有山门（倒座戏台）、献殿、圣母殿，山门两侧有东、西耳楼，圣母殿两侧有东、西耳殿，庙内东侧由南向北依次为东南角殿、梳妆楼、东北角殿，庙内西侧由南向北依次为西配殿、西北角殿。下院建筑置于香道两侧，建有东、西廊亭和廊亭下层的券窑。其中圣母殿为宋代遗构，献殿、梳妆楼为明代遗构，其余皆为清代建筑。

圣母殿建于石砌台基之上，面阔三间，进深六椽，前檐设廊，单檐歇山顶。梁架结构为四椽栿对前乳栿通檐用三柱。檐下柱头斗栱为五铺作单杪单下昂，前檐当心间置补间斗栱一朵。檐柱均为木柱，素面覆盆柱础。殿内两山墙及后檐墙存清代山水人物壁画80余平方米。

献殿面阔五间，进深六椽，单檐庑殿顶，四面敞开，四周檐柱多为方形抹棱石柱，梁栿均为原材料稍加砍削而成。

山门为两层，下层为山门，上层为倒座戏台，面阔三间，

九天圣母庙全景

防范火灾风险 保护文物安全

九天圣母庙梳妆楼檐下斗栱

进深四椽，前坡为歇山顶，后坡为硬山顶，五檩无廊式结构，两山墙绘有清代山水壁画。

庙内现存宋、元、明、清历代碑碣 40 通，古树 1 棵。

九天圣母庙是山西省目前发现的唯一一座以九天玄女为主要祭祀题材的庙宇，具有独特的代表性。该庙集宋、元、明、清四朝建筑技艺于一处，反映了晋东南的地方建筑风格和建筑手法，是研究中国古建筑发展史的重要实物例证。

九天圣母庙献殿

淳化寺

长治市平顺县阳高乡阳高村

金代

古建筑

2001 年，被国务院公布为第五批全国重点文物保护单位。

据民国版《平顺县志》及寺内现存碑碣载，淳化寺建于唐开元年间，金大定六年（1166）、清雍正九年（1731）、清嘉庆二十四年（1819）、1912 年多次重修。寺院原有格局不详，现仅存正殿一座，为金代遗构，占地面积 79 平方米。

正殿坐北朝南，建于高 0.54 米的石砌台基上，面阔三间，进深六椽，单檐歇山顶，灰布筒板瓦屋面。殿内彻上露明造，梁架为六椽栿通达前后檐用二柱，六椽栿两端直接搭在前后檐柱斗栱上。下平槫下施卷云驼峰，上平槫与脊槫下立斗子蜀柱，并用叉手托脚。前檐柱头斗栱四铺作，华栱做昂形。

正殿后檐墙及西山墙存石碣 3 方，时间分别为金大定六年、清雍正九年、清嘉庆二十四年。寺内还存有宋建隆元年（960）、开宝三年（970）石经幢各 1 座，上刻有陀罗尼经文。

淳化寺被历代屡次修葺的事实体现了当地民众对其高度重视，也见证了当地不同时期的社会经济、文化发展的状况。现存正殿建筑形制古朴，外形美观大方，反映了金代建筑技术和风格，为研究金代寺庙建筑提供了重要实物资料。

淳化寺正殿转角铺作

淳化寺正殿殿内梁架

淳化寺正殿正面

回龙寺

位置：长治市平顺县阳高乡侯壁村

时代：金代

类型：古建筑

2006年，被国务院公布为第六批全国重点文物保护单位。

回龙寺创建年代不详，坐北朝南，东西长10.35米，南北宽9.12米，占地面积94.392平方米。现仅存正殿一座，为金代遗构。

正殿建于高0.3米的石砌台基上，面阔三间，进深四椽，平面近方形，前檐设廊，单檐悬山顶，灰布仰覆板瓦屋面。梁架为三椽栿对前劄牵通檐用三柱。除前檐当心间用两根明显内倾的抹角石柱外，殿周檐柱及廊柱皆为木柱。外露的后檐明间东柱和前檐角柱皆有柔和、匀称的柱头卷杀。前檐柱高2.61米，柱高不越间广，柱上仅设阑额，无普拍枋，阑额至角柱不出头。前檐柱头斗栱为四铺作单下昂，单材高20厘米，略等于宋制六等材，无补间铺作。斗栱形制均在栌斗口内出蝉肚实拍华栱和实拍蝉肚泥道栱，其上设昂、令栱及蚂蚱形耍头。耍头由劄牵伸至檐外制成，令栱上设替木承橑檐槫。昂身下皮向上倾斜，上皮近乎水平，昂身后尾呈楂头状压于劄牵之下，其构造介乎真昂与假昂之间，结构独特，在现存金代建筑中为罕见实例。殿内存清代工笔淡彩壁画53.7平方米，内容为《西游记》人物和四大天王等。正殿前廊东墙上嵌清光绪二年（1876）重修石碣1方。

回龙寺反映了金代民间建筑的多样性和民间工匠的创造性，其正殿保留有许多独特做法，是研究金代建筑地方手法的珍贵实例，为研究晋东南地区元以前木结构建筑提供了实物资料。

回龙寺正殿檐下斗栱

回龙寺正殿壁画局部

回龙寺正殿正立面

夏禹神祠

位置 长治市平顺县阳高乡侯壁村

时代 元代至清代

类型 古建筑

2006年，被国务院公布为第六批全国重点文物保护单位。

夏禹神祠，俗称“禹王庙”。据碑碣记载，夏禹神祠创建于元（后）至元二年（1336），明、清皆有修葺。神祠坐北朝南，一进院落布局，占地面积570.7平方米。中轴线上由南向北依次为山门（倒座戏台）、正殿，两侧为东西配殿、厢房、耳房。现存正殿为元代遗构，其余皆为清代建筑。

正殿面阔三间，进深六椽，平面近似方形，前檐辟廊，单檐悬山顶。檐下施四铺作斗栱，檐柱柱头卷杀柔和匀称，柱础为青石覆莲柱础。前檐檐柱之间有阑额和普拍枋相连，至角柱不出头；后檐檐柱间仅用阑额相连，无普拍枋，阑额至角柱不出头。梁架结构为六架椽屋前乳栿对四椽栿通檐用三柱。前檐柱头斗栱为外转四铺作单下昂，蚂蚱形耍头，令栱上置斜散斗，令栱顺势斜出，上托短替捧檐槫，里转出楷头压于乳栿下。前檐当心补间铺作出45°斜栱，重栱计心造，龙头形耍头。殿内梁架及前廊乳栿上部绘有旋子彩画。

山门分为两层，一层为山门过道，设对开板门；二层为倒座戏台。面阔五间，进深六椽，平面呈长方形，七檩式构架，单檐硬山顶，灰板瓦屋面。前檐柱头科形制为一斗二升交麻叶。

东、西配殿面阔五间，进深四椽，五檩式构架，单檐悬山顶，灰板瓦屋面。

正殿内保存有明万历十一年（1583）石雕供桌。祠内还存有明代石碣1方、清代重修碑4通。

夏禹神祠选址独特，平面布局完整，创建年代确切，为研究元代至清代建筑平面布局和构造提供了重要实例。

夏禹神祠全景

夏禹神祠正殿

夏禹神祠山门（倒座戏台）

西社卫公庙

2019年，被国务院公布为第八批全国重点文物保护单位。

李卫公即李靖，隋唐时期杰出的军事家，曾率军驻守潞州（即今长治地区）抵御突厥进犯，保地方平安，因此受到当地百姓纪念。西社卫公庙创建年代不详，明、清多次维修。卫公庙坐北朝南，一进院落布局，占地面积963.7平方米。中轴线上由南向北依次为山门（上为戏台）、献殿、正殿，两侧分布有西妆楼、东廊房、东厢房、东耳殿。正殿主体构架从形制推断为元代遗构，其余为清代遗构。

正殿建于石质台基上，面阔三间，进深六椽，单檐硬山顶，筒板布瓦屋面。梁架结构为四椽栿对前乳栿通檐用三柱，四椽栿为圆形断面，以自然弯材稍加砍凿即用。柱间横向连接用普拍枋和大额枋。檐下柱头斗栱为五铺作单杪单昂，在耍头位置用下昂，昂前部与令栱相交承橑檐槫，后尾挑至下平槫。

献殿与正殿勾连，建于高0.7米的石质台基上，面阔三间，单檐卷棚顶，前出抱厦，筒板布瓦屋面。柱头斗栱三踩单翘，平身科每间一攒。

山门由两部分组成，一层为砖砌山门过道，设入庙大门；二层为戏楼，面阔三间，单檐硬山顶，筒板布瓦屋面。檐下布列一斗二升交麻叶斗栱。

西社卫公庙格局较为完整，为研究当地寺庙建筑提供了实物资料，具有较高的历史价值。大殿元代构架、清代彩绘等反映出从元代至清代当地的建筑工艺水平、社会风尚和民俗风情，具有较高的研究价值。

位置：长治市平顺县北社乡西社村

时代：元代至清代

类型：古建筑

西社卫公庙全景

西社卫公庙山门（上为戏台）

北社三峻庙

2013年，被国务院公布为第七批全国重点文物保护单位。

北社三峻庙创建年代不详。清道光二十五年（1845）、清光绪十八年（1892）均有重修。庙院坐北朝南，一进院落布局，占地面积862平方米。中轴线上由南向北依次为山门（上为戏楼）、献殿及正殿，两侧分布东、西妆楼，东、西配殿，东、西耳殿。现存正殿为元代遗构，其余皆为清代遗构。

正殿建于高0.4米的石质台基之上，面阔三间，进深五椽，四椽栿对前劄牵通檐用三柱，单檐悬山顶，灰筒板瓦屋面，柱头斗栱为五铺作单抄双下昂，补间斗栱每间一朵，梁架为四椽栿对前劄牵通檐用三柱，前檐柱侧脚显著。

献殿面阔三间，进深五椽，单檐硬山卷棚顶，柱头科一斗二升交麻叶，平身科每间一攒同柱头科。

山门为两层，下层为山门过道，居中设板门；上层为戏楼，面阔三间，进深四架，单檐硬山顶前插翼角，筒板布瓦屋面。柱头科五踩双下昂，平身科每间一攒。

庙西侧保存清代重修碑2通，献殿内嵌碑、碣各1通（方）。

北社三峻庙平面布局基本完整，整体结构保存较好，蕴含历史信息丰富，庙院内的木雕、砖雕、石雕构件寓意丰富，做工精致传神，具有较高的历史、艺术、科学价值。

位置　长治市平顺县北社乡北社村

时代　元代、清代

类型　古建筑

北社三嵕庙内景

北社三嵕庙山门（上为戏楼）

北社大禹庙

2013年，被国务院公布为第七批全国重点文物保护单位。

北社大禹庙坐北朝南。中轴线上自南向北依次有戏楼、献殿、正殿，两侧分布夹楼、东西厢房、东西耳殿。正殿为元代建筑，其余建筑建于清代。

正殿平面近方形，面阔三间，进深六椽，单檐硬山顶，灰筒板瓦屋面。柱头斗栱为五铺作单杪单昂，无补间斗栱。梁架为六架椽屋四椽栿对前乳栿用三柱，四椽栿和乳栿上用驼峰、铺作承劄牵和下平槫，梁栿间用蜀柱、栌斗隔承，平梁上用蜀柱、栌斗、大叉手承脊槫，蜀柱用合楮稳固，梁栿断面呈圆形，以自然弯材稍加砍凿即用。门窗装修均已不存，梁架斗栱彩画保存较好。

献殿面阔三间，进深五椽，单檐卷棚顶，灰筒板瓦屋面。斗栱为一斗二升交麻叶，平身科每间一攒。殿内两山墙保存有壁画。

戏楼面阔三间，进深四椽，单檐硬山顶前插翼角，柱头科五踩单翘单昂，平身科每间一攒，两层式构架，下为山门过道。

东、西厢房各五间，东、西耳殿和夹楼均为两间，均为清代小式建筑。

北社大禹庙正殿虽经多次修葺，但大木架构件保存完整，梁架结构规范合理，整体布局保存完整，是一处较为典型的元代建筑实例，有着较高的科学、历史价值。该庙献殿、戏楼均在前檐采用前插翼角的做法，给人以庄严肃穆又不失灵动之感；正殿梁枋彩画保存完整，献殿山墙满绘壁画，均有较高的艺术价值。

位置　长治市平顺县北社乡北社村

时代　元代、清代

类型　古建筑

北社大禹庙献殿

北社大禹庙正殿斗栱

北甘泉圣母庙

长治市平顺县苗庄镇北甘泉村

元代、清代

古建筑

2013年，被国务院公布为第七批全国重点文物保护单位。

北甘泉圣母庙创建年代不详。庙院坐北朝南，东西宽23.5米，南北长44.7米，占地面积1050.45平方米。中轴线上自南向北依次为戏楼、献殿、正殿，两侧分布有东西夹屋、东西配殿、东西厢房。正殿为元代建筑，其他建筑建于清代。

正殿面阔三间，进深六椽，单檐悬山顶，筒板瓦屋面。柱头斗栱为五铺作单杪单昂，耍头呈下昂式，后尾挑至下平槫，出45°斜栱，无补间铺作。梁架为六架椽屋四椽栿对前乳栿用三柱。四椽栿、前乳栿上用驼峰、栌斗承劄牵，梁架间用八角形蜀柱、栌斗隔承，平梁上用蜀柱、大叉手承脊槫，蜀柱底部用合楮稳固。梁断面呈圆形，以自然弯材稍加砍凿即用。门窗装修均已不存。

献殿面阔三间，进深五架，单檐卷棚顶。檐下斗栱一斗二升交麻叶，每间施平身科一攒。梁架结构为四架梁通达前后檐用两柱。山门为两层式构架，一层为山门过道，设对开板门；二层为戏台，面阔三间，进深四椽，五檩式构架，单檐硬山顶。所不同的是两条垂脊末端向斜上方挑起，檐下斗栱三踩单翘，每间施平身科一攒。

北甘泉圣母庙整体布局完整，斗栱、梁架制作规整，用材合理，特别是柱头斗栱要头呈下昂式，后尾挑至下平槫的做法，加之柱头卷杀和缓，反映出该殿创建年代可能早于元代，是一处蕴含历史信息丰富的建筑实例，具有较高的历史、科学、艺术价值。

北甘泉圣母庙正殿斗栱

北甘泉圣母庙献殿

西青北大禹庙

位置　长治市平顺县北社乡西青北村

时代　明代至清代

类型　古建筑

2013年，被国务院公布为第七批全国重点文物保护单位。

西青北大禹庙创建年代不详，据碑记载，清雍正八年（1730）、清道光二十八年（1848）、1932年均有重修。庙院坐北朝南，一进院落布局，占地面积748.9平方米。中轴线上由南向北依次为山门（上为戏楼）、献殿及正殿，两侧建有东、西妆楼，钟、鼓楼，东、西配殿，东、西偏殿，东、西耳殿。现存正殿为明代遗构，其他建筑皆为清代遗构。

正殿建于高0.96米的石质台基上，面阔三间，进深四椽，五檩前廊式构架，单檐硬山顶，筒板布瓦屋面。柱头科五踩双下昂，平身科每间一攒，明、次间均设隔扇门。斗栱、梁架上有残存彩绘，神像为1998年新塑。

山门由两层组成，一层为山门过道，内装板门；二层为戏楼，面阔三间，进深四椽，五檩式构架，单檐硬山顶，筒板布瓦屋面，柱头科三踩单翘式，平身科明间二攒、次间各一攒。

西青北大禹庙规模虽然不大，但整体布局完整，结构保存完好，蕴含历史信息丰富，对研究明清古建筑平面布局有较高的借鉴意义。正殿结构完整，门窗装修齐全，为一处完整的、典型的明代建筑，具有较高的历史、科学、艺术价值。

西青北大禹庙正殿

西青北大禹庙山门（上为戏楼）

金灯寺石窟

位置：长治市平顺县杏城镇背泉村

时代：明代

类型：石窟寺及石刻

2006年，被国务院公布为第六批全国重点文物保护单位。

据《平顺县志》记载，金灯寺原名“宝岩寺”，创建于北周时期，隋、唐、五代、宋、元历代均有重修。现存石窟开凿于明弘治十七年（1504），至明嘉靖四十四年（1565），前后施工长达60余年。石窟坐北朝南，依崖布局，自东向西，共七进院落，殿堂分院布置，石窟依北壁雕凿而成，东西长171米，洞窟14个，佛龛37个，殿宇30余间，石碑碣共20余通（方），窟内大小造像500余尊。金灯寺石窟中的佛、菩萨、金刚、天王、罗汉以及佛教故事中的人物造像，形体秀美，装饰富丽，承唐宋圆润风格之遗风，独具明代俊俏娴静的特色，具有极高的艺术价值。

水陆殿是金灯寺石窟第四进院落里的第五窟。水陆殿又称“水罗殿”，面阔10.2米，进深9.2米，高4.89米。窟前仿木构形式。窟内平面呈方形，前槽设石雕盘龙八角柱2根，柱础宝装莲瓣装饰，后槽置方形素面石柱2根，柱头上施额枋、斗栱，覆斗顶。后槽金柱间筑有扇面墙，墙前砌佛坛，上雕三世佛坐像，高3米，两侧雕胁侍菩萨，扇面墙后雕三大士像。殿内两侧墙壁上依崖雕水陆画69幅，以儒、释、道三教为题材，集三教信仰于一堂。水陆殿是金灯寺石窟群中最有特色，也是最大的殿堂。

金灯寺石窟塔林

金灯寺石窟全景

王曲龙王庙

位置　长治市平顺县北耽车乡王曲村

时代　元代、清代

类型　古建筑

2021年，被山西省人民政府公布为第六批省级文物保护单位。

王曲龙王庙创建年代不详。庙院坐北朝南，占地面积160平方米。现存正殿为元代建筑，献殿为清代建筑。

正殿建于石砌台基上，面阔三间，进深六椽，单檐悬山顶。前檐柱头施大额枋，枋上设斗栱七朵，柱头斗栱（未坐柱中）为五铺作单杪单昂，补间斗栱每间各一朵，形制为五铺作单杪单昂，出45°斜栱，昂后尾向后延伸做挑斡，梁架为四椽栿对前乳栿用三柱。

献殿建于石质台基上，面阔三间，进深三椽，四檩构架，单檐卷棚前歇山后硬山顶建筑，青灰筒板瓦屋面。檐下施三踩单昂斗栱，平身科明间三攒、次间各二攒，出45°斜栱。

庙内存清代石碑1通，位于正殿东侧，记述了清光绪十年（1884）重修西厢房的经过。

正殿作为王曲龙王庙唯一的一座元代建筑，可以证实并记载建筑历史的史实。现存文物建筑不仅体现出元代、清代等不同时代的典型传统建筑特征，同时反映出龙王庙的发展变迁，也是我国木结构建筑发展变迁的典型实例之一，具有较高的历史、艺术、科学价值。

王曲龙王庙献殿正立面

王曲龙王庙正殿斗栱

王曲龙王庙鸟瞰

南五马卫公庙

位置 长治市平顺县苗庄镇南五马村

时代 元代、清代

类型 古建筑

2021年，被山西省人民政府公布为第六批省级文物保护单位。

南五马卫公庙创建年代不详。寺庙坐北朝南，一进院落布局，占地面积1220.4平方米。中轴线上由南向北依次为戏台、正殿，两侧分布东、西妆楼和东、西耳殿。现存正殿为元代遗构，其他皆为清代遗构。

正殿建于高0.36米的石砌台基上，面阔三间，进深六椽，单檐悬山顶，青灰筒板瓦屋面。六架椽屋四椽栿对前乳栿用三柱，檐下施斗栱七朵，为四铺作单昂，明、补间出45°斜栱。

戏台面阔三间，进深四椽，单檐卷棚硬山顶。柱头科三踩单下昂，平身科明间二攒、次间各一攒。

正殿前墙嵌碑、碣各1通（方），石碣长0.71米、宽0.42米，首题《重修庙宇碑记》，碑文为楷体，满行23字，共13行，清雍正十年（1732）立石，记述重修该庙的经过及村民捐款情况。

南五马卫公庙现存文物建筑体现出元代、清代等不同时代的典型传统建筑特征，具有较高的历史、艺术价值。

南五马卫公庙鸟瞰

南五马卫公庙正殿正立面

南社玉皇庙

位置 长治市平顺县北社乡南社村

时代 元代、民国

类型 古建筑

2016年，被山西省人民政府公布第五批省级文物保护单位。

南社玉皇庙创建年代不详。寺庙坐北朝南，中轴线上自南向北依次有献殿、正殿，东西有耳殿、厢房。现存正殿为元代遗构，其他均为民国建筑。

正殿建在高 0.98 米的石砌台基上，面阔三间，进深六椽，青灰筒板瓦屋面，单檐硬山顶。梁架为六椽栿对前乳栿用三柱，柱头铺作为五铺作单杪单昂，耍头呈昂形，出 45° 斜栱，无补间铺作。殿内两山墙及栱眼壁内存民国年间所绘水墨淡彩风俗神壁画约 48 平方米。

献殿面阔三间，进深五椽，筒板瓦屋面，单檐硬山卷棚顶，斗栱为一斗二升交麻叶，平身科每间一攒，1929 年建。

耳殿、厢房为小式建筑。

南社玉皇庙正殿保留的元代建筑的做法，为研究晋东南地区建筑工艺的传承与发展提供了范例。殿内壁画形象生动，保存完好，反映了当时当地的建造工艺水平以及人民群众的审美情趣及精神追求，具有较高的历史、艺术价值。

南社玉皇庙献殿正立面

南社玉皇庙全景

东禅牛王楼

位置：长治市平顺县北社乡东禅村

时代：明代

类型：古建筑

2021年，被山西省人民政府公布为第六批省级文物保护单位。

东禅牛王楼创建年代不详。牛王楼坐北朝南，建筑保存状况基本完整。现存为明代楼阁式建筑遗构。

牛王楼为两层楼阁式建筑，建于高0.8米的石砌台基上，面阔一间，进深四椽，重檐歇山顶，青灰筒板瓦屋面。墙体均为青砖砌筑，南侧设置板门。一层周设回廊，施木柱，檐部斗栱十攒，三踩单昂，上置平座施五踩重翘斗栱。二层檐部斗栱十二攒，五踩单翘单昂，承托五架梁建筑结构。

东禅牛王楼造型优美，是中国传统楼阁建筑艺术的结晶之作。牛王楼整体建筑代表了当时先进的建筑技术水平，为研究中国传统楼阁建筑提供了优秀范例，具有较高的历史、艺术价值。

东禅牛王楼全景

东禅牛王楼二层斗栱

东禅牛王楼正立面

实会龙王庙

长治市平顺县北耽车乡实会村

明代至清代

古建筑

2021年，被山西省人民政府公布为第六批省级文物保护单位。

实会龙王庙创建年代不详。龙王庙坐北朝南，一进院落布局，占地面积897.6平方米。中轴线上自南向北依次分布有戏台（下为大门）、献殿、正殿，两侧分布东西妆楼、东西厢房、东西耳殿。现存正殿为明代遗构，其余建筑为清代遗构。

正殿建于高0.72米的石砌台基上，面阔五间，进深五椽，单檐硬山顶，青灰筒板瓦屋面，五架梁前对单步梁用三柱，柱头施三踩斗栱。

献殿为单檐卷棚硬山顶，青灰筒板瓦屋面。

戏台为上下两层，一层为山门过道，设对开板门；二层为戏台，面阔三间，进深五椽六檩或四椽五檩，前檐歇山顶，后檐悬山顶，柱头施五踩双翘斗栱。

实会龙王庙整体布局完整，为研究晋东南地区信仰文化提供了重要的实物资料。其保留至今的明清建筑的做法，对研究晋东南地区建筑工艺的传承与发展提供了范例，具有较高的历史、艺术价值。

实会龙王庙献殿正立面

实会龙王庙戏台（下为大门）正立面

实会龙王庙鸟瞰

南峧唐王庙

位置：长治市平顺县北耽车乡南峧村

时代：明代至清代

类型：古建筑

2021年，被山西省人民政府公布为第六批省级文物保护单位。

南峧唐王庙创建年代不详。庙院坐北朝南，一进院落布局，占地面积285.3平方米。中轴线上由南向北依次为戏台（下为庙院大门）、正殿，两侧有东、西夹殿。现存正殿为明代遗构，其他建筑为清代遗构。

正殿建于高0.57米的石砌台基上，面阔三间，进深四椽，单檐硬山顶，青灰筒板瓦屋面。梁架结构为四架梁对前单步梁用三柱，柱头斗栱五踩单翘单昂。明间设对开板门，次间设直棂窗。

戏台为两层，一层为大门过道，设对开板门；二层为戏台，面阔三间，进深四椽，五檩无廊式构架，单檐硬山顶。柱头施三踩单翘斗栱。

庙内存明碑、碣各1通（方）。

南峧唐王庙主要建筑保存较完整，整体格局基本对称，各建筑形制主次分明，空间布局疏密有序，各单体建筑构造巧妙、做工精细，具有较高的历史、艺术、科学价值。

南峧唐王庙鸟瞰

南峧唐王庙戏台立面

虹梯关铭碑

位置：长治市平顺县虹梯关乡碑滩自然村

时代：明代

类型：石窟寺及石刻

1986年，被山西省人民政府公布为第二批省级文物保护单位。

虹梯关铭碑，明嘉靖八年（1529）立。碑坐北朝南，占地面积13.7平方米。碑为青石质，圆首方座，碑高2.74米（不含碑首），宽2.65米，厚0.31米，碑文为行书，共14行，满行21字。碑文记述了明代陈卿领导的起义军凭借雄伟的峡关陡壁对抗明军的经过以及官军平息起义后，命名此关为虹梯关等内容。夏言撰文并书丹。

此碑为研究平顺县建县历史提供了实物资料。

虹梯关铭碑全景

虹梯关铭碑

西周黎侯墓群

位置　长治市黎城县黎侯镇西关村

时代　西周至春秋

类型　古墓葬

2013年，被国务院公布为第七批全国重点文物保护单位。

黎侯墓群分布范围约40亩，为西周晚期的黎国墓地。已探明的墓葬有92座，其中带墓道的大型墓3座、中型墓15座，其余为小型墓，所有墓葬的方向均为南北向。大型墓葬盗掘严重，但从残留随葬品看，随葬器物数量与种类都很丰富；中型墓随葬器物并不多，但种类齐全，很有规律；小型墓葬随葬器物较少。墓葬中随葬器物有青铜器、玉石器、骨器、蚌器、海贝、陶器、漆器。青铜器主要有铜鼎、簋、壶、甗、盘、匜、戈，其中M7铜盘以及M8铜鼎、壶、匜铸有铭文；玉石器主要有串饰、项饰、玉戈、玉玦、玉璜、玉璧、玉握、玉佩、玉虎、玉鸟、玉龟；陶器有陶鬲、罐、纺轮。

墓葬中出土的青铜手柄残留的锈迹表明，原刃为铁质材料，这一发现将我国使用铁器的时间推至西周晚期。带铭文的青铜器中有两件青铜壶的铭文明确标明为“楷侯”，经考证，楷侯即黎侯，楷侯是姬姓，已成共识。楷侯之“楷”读为“黎”，楷国就是两周时期的黎国。它的发现解决了一个古代诸侯国——黎国的确切故址所在。

西周黎侯墓群发掘现场

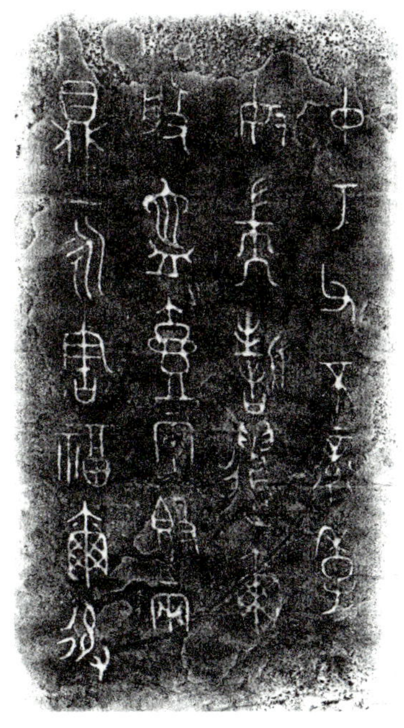

西周黎侯墓群出土的仲考父盘铭文

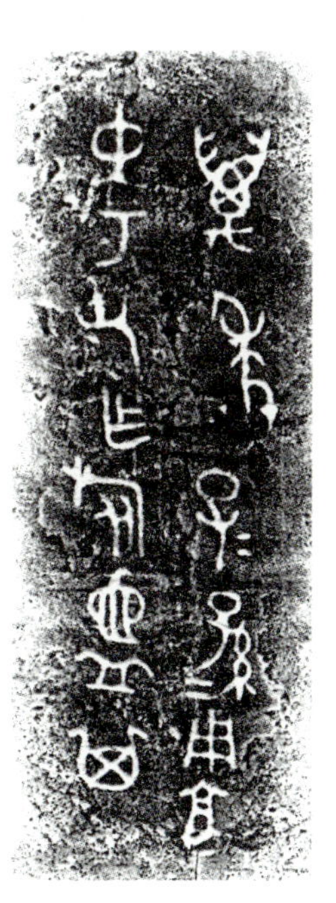

西周黎侯墓群出土的仲考父匜铭文

西周黎侯墓群出土的楷（黎）侯宰壶

西周黎侯墓群出土的青玉凤鸟饰

西周黎侯墓群出土的玉虎

长宁大庙

长治市黎城县东阳关镇长宁村

元代至清代

古建筑

2013年，被国务院公布为第七批全国重点文物保护单位。

长宁大庙，又称“灵源圣井行祠”，俗名“圣源王庙”，创建年代不详。庙院坐北朝南，一进院落，南北长 27 米，东西宽 22.8 米，占地面积约 615.6 平方米。平面布局采用中轴线左右对称的格局，中轴线上由南向北依次为山门、献厅、正殿，两侧为东西妆楼、献厅、东西厢房、东西耳房。正殿保留了大量的元代建筑构件，献厅和戏楼式山门有明代风格，其他的为清代建筑。

正殿砌于高 1 米的石砌台基之上，面阔五间，进深六椽，单檐悬山顶，灰筒板瓦屋面，绿琉璃脊兽。殿内梁架四椽栿对前乳栿通檐用三柱，柱头卷杀，角柱生起。前檐铺作六朵，均为五铺作双下昂重栱计心造，琴面昂，蚂蚱耍头。

献厅位于大殿前，与正殿台基相接，面阔三间，进深二间，柱头科三踩单昂，卷棚顶，板瓦屋面。

山门位于庙前端，面阔五间，两层楼阁式建筑，单檐硬山顶，灰筒板瓦屋面。下层居中为门洞，设板门，上层里转为戏台，结构为六檩后出廊。

大庙大殿东西墙体内镶有元代、清代题诗碑碣 4 通（方），分别为元至正七年（1347）、元至正十六年（1356）、清康熙九年（1670）、清康熙十一年（1672）遗石。

长宁大庙建筑整体布局严谨，各建筑具有鲜明的时代特征和地方营造手法。该庙是研究元、明、清建筑历史和地方传统文化的实物依据，具有较高的历史价值。

长宁大庙正殿

长宁大庙献厅

西下庄昭泽王庙

位置 长治市黎城县上遥镇西下庄村

时代 元代至清代

类型 古建筑

2019年，被国务院公布为第八批全国重点文物保护单位。

据庙正殿脊刹题记载，西下庄昭泽王庙创建于元至正元年（1341）。庙内碑刻记载明弘治八年（1495）、清道光十七年（1837）均有修缮。该庙坐北朝南，一进院落布局，占地面积710平方米。中轴线上仅存正殿一座，东、西两侧为廊房。现存正殿为元代遗构。

正殿建于高0.83米的石砌台基之上，面阔五间，进深六椽，单檐悬山顶，筒板瓦屋面。平面呈长方形，共用立柱22根，其中2根置于内槽当心间，皆为圆柱体木柱。明、次间梁架结构不同，明间为前后乳栿用四柱，次间为四椽栿对前乳栿用三柱。檐下斗栱为五铺作双昂计心造，昂为琴面式，要头蚂蚱形，里转单杪。

西下庄昭泽王庙为道教寺院，其举架平缓，梁架组合灵活，铺作配置、选材与形制均保留了元代特征和风格，具有较高的历史和艺术价值。

西下庄昭泽王庙全景

西下庄昭泽王庙正殿

雲息

辛村天齐王庙

黎城县

位置 长治市黎城县东阳关镇辛村

时代 元代至清代

类型 古建筑

2013年，被国务院公布为第七批全国重点文物保护单位。

辛村天齐王庙，又称“东岳庙”，据存碑载，该庙创建于元至正元年（1341），明清屡有修葺。院落坐北朝南，一进院，东西宽约32米，南北长约42米，占地面积1344平方米，建筑面积611.12平方米。中轴线上由南向北现存有山门（倒座戏楼，戏楼正中下部南向辟门）、大殿；东西两侧由南向北有倒座夹房、廊房、耳殿等建筑。现存正殿为元代遗构，戏楼为明代遗构，其余为清代建筑。

正殿建于0.6米高的青石台基上，面阔五间，进深六椽，梁架形制为四椽栿对后乳栿通檐用三柱，单檐悬山顶，筒板布瓦屋面。建筑平面立柱三排六列，共计立柱18根，柱头卷杀明显，角柱生起。前后檐柱头之间连构阑额，柱头之上架设普拍枋；金柱头上不设普拍枋，而是直接承四铺作的栌斗。前檐柱头斗栱六朵，为五铺作单杪单下昂，补间铺作形制是在一层素枋、二层素枋上隐刻异形栱，其间以散斗隔承。该殿周檐砌墙围护，外壁甃砌条砖，内壁绘制壁画。

戏楼位于中轴线南端，面阔五间，进深七檩，单檐硬山顶，二层楼阁式。下层前檐出廊，金部砌墙间隔内外，且在明间辟门洞装板门；后檐立柱支撑承重梁后尾。上层后檐砌墙，前檐敞开，作为庙内的戏台使用；台口立柱之间施用木质踢脚栏板，柱头之间连构额枋、雀替，柱头之上设平板枋。枋上安置三踩

辛村天齐王庙全景

辛村天齐王庙正殿

单翘斗栱，柱头科四攒、平身科三攒。

庙内存元、明、清创修、重修碑 5 通。

辛村天齐王庙布局严谨，左右对称，传承有序，集元、明、清各时期建筑特征于一身。正殿为典型的元代遗构，其梁架、斗栱的选材与形制，都保留了其原有构件的时代特征和风格，对研究传统古建筑和地方历史风俗具有重要价值。

黎城城隍庙

位置 长治市黎城县黎侯镇河下东街95号

时代 明代至清代

类型 古建筑

2013年，被国务院公布为第七批全国重点文物保护单位。

据《黎城县志》载，黎城城隍庙创建于北宋天圣年间，元至正年间被焚于兵火，明洪武二年（1369）重建，明嘉靖十六年（1537）、清康熙四十年（1701）、清宣统三年（1911）均有重修。城隍庙坐北朝南，原为三进院落，现仅存一进，占地面积1892平方米。中轴线上建有山门、正殿，两侧有东西掖门、厢房等，皆为明清风格。

山门又称“三节楼”，因屋顶形制为重檐三滴水，故名之。该楼平面呈长方形，面阔三间，进深两间，通高约20米。台基高峙，砖石砌成，长18米，宽12米，高2.35米。楼内圆柱方额，斗栱密置，五踩斗栱双下昂，昂呈琴面式，梁架规整，结构分布严谨。屋顶满覆绿琉璃瓦，施用黄绿相间的琉璃吻兽。

东、西掖门位于山门两侧，单檐歇山顶，青砖砌筑，有垂花柱、斗栱、花卉图案等砖雕装饰，雕工精美。

正殿位居门楼之北，面阔五间，进深五间，平面布局呈正方形，单檐悬山建筑通檐用五柱。前檐斗栱为五踩单下昂，明、次间补间出斜栱；后檐斗栱为三踩当下昂。屋顶脊兽均为黄绿相间琉璃质，系清代中期所烧制。

黎城城隍庙山门

庙内新建碑廊一座，长约 26 米，廊内镶嵌陈列北魏造像碑，隋螭首造像碑，隋、唐、五代时期的墓志铭及明、清官衙各类行政明文碑等 20 余通。

黎城城隍庙保存了主要建筑，山门规制宏大，形态秀美，具有较高的历史和艺术价值。

黎城城隍庙正殿

路堡龙王庙

位置：长治市黎城县程家山镇路堡村

时代：元代至清代

类型：古建筑

2016年，被山西省人民政府公布为第五批省级文物保护单位。

据庙内碑记载，路堡龙王庙创建于元大德二年（1298），明、清均有重修。龙王庙坐北朝南，一进院落布局，占地面积1028平方米。中轴线上建有山门（倒座戏台）、龙王殿、三宝殿，两侧为妆楼、厢房、佛爷殿、土地殿。现存建筑龙王殿、佛爷殿为元代遗构，其余均为明、清时所建。

龙王殿，石砌台基，面阔三间，进深六椽，单檐悬山顶，筒瓦屋面，布脊。梁架结构为四椽栿对前乳栿用三柱，前廊式。

庙内存元创建碣、重修碣各1方，清重修碣1方。

路堡龙王庙整体建筑规模宏大，保存较好，对了解元、明、清的古建筑有很大的参考价值。

路堡龙王庙戏台

路堡龙王庙山门

路堡龙王庙龙王殿及三宝殿

平头安泽庙

位置：长治市黎城县上遥镇平头村

时代：元代、清代

类型：古建筑

2021 年，被山西省人民政府公布为第六批省级文物保护单位。

平头安泽庙，创建年代不详。庙宇坐北朝南，一进院落布局，占地面积 992 平方米。现存正殿为元代遗构，东大殿为清代建筑，其余均为原址新建。

正殿建于石砌台基之上，面阔三间，进深四椽，单檐悬山顶，殿内梁架为四椽栿通达前后檐用两柱，前檐下设斗栱七朵，柱头铺作四朵，补间铺作三朵，均为四铺作单下昂。

东大殿建于石砌台基之上，面阔三间，进深四椽，单檐硬山顶，殿内梁架为四架梁对单步梁通檐用三柱，前檐下设斗栱七攒，柱头科四攒，平身科三攒，均为三踩单翘。

平头安泽庙西侧偏殿

平头安泽庙东侧偏殿

平头安泽庙戏台

西下庄佛爷庙

位置 长治市黎城县上遥镇西下庄村

时代 元代、清代

类型 古建筑

2021 年，被山西省人民政府公布为第六批省级文物保护单位。

西下庄佛爷庙，创建年代不详。庙宇坐北朝南，一进院落布局，占地面积 419 平方米。中轴线上现有正殿一座，西侧为戏台，两侧为南、北妆楼。现存正殿为元代遗构，其余均为清代建筑。

正殿建于石砌台基之上，面阔三间，进深四椽，单檐悬山顶，殿内梁架为三椽栿后压劄牵通檐用三柱。前檐下设柱头铺作四朵，四铺作单昂计心造，里转单杪，耍头蚂蚱形，后尾呈楷头状承三椽栿。正殿共用柱 12 根，其中 2 根内柱为方形抹棱石柱，其余为圆柱体木柱。

戏台位于正殿西侧，面阔三间，进深四椽，单檐悬山顶，五檩无廊式梁架。

西下庄佛爷庙正殿

西下庄佛爷庙戏台

望北三官庙

位置　长治市黎城县黎侯镇望北村

时代　元代、清代

类型　古建筑

2021年，被山西省人民政府公布为第六批省级文物保护单位。

望北三官庙，始建年代不详。庙宇坐北朝南，一进院落布局，占地面积337平方米。中轴线上由南向北建有山门、大殿，两侧为东、西厢房和东、西耳殿。现存大殿为元代建筑，其余为清代遗构。

大殿面阔三间，进深五椽，单檐硬山顶，梁架结构为四椽栿对前劄牵通檐用三柱，前檐下设斗栱七朵，柱头铺作为四铺作单下昂，补间铺作为四铺作单杪。

望北三官庙山门

望北三官庙大殿

北流龙王庙

位置：长治市黎城县程家山镇北流村

时代：明代至清代

类型：古建筑

2021 年，被山西省人民政府公布为第六批省级文物保护单位。

北流龙王庙，创建年代不详，据庙内现存碑载，清嘉庆年间、清同治五年（1866）有过修葺。该庙坐北朝南，一进院落布局，占地面积 1181 平方米。中轴线上由南向北依次有山门（戏台）、献殿、正殿，两侧为妆楼、廊房、厢房、耳殿。现存正殿为明代遗构，其余为清代建筑。

正殿台基高 1.1 米，面阔五间，进深六椽，单檐硬山顶，五架梁对双步梁通檐用三柱。各层梁架间瓜柱角背支承，均施以叉手、托脚稳固。前檐斗栱为五踩双下昂，柱头科不施斜昂，平身科第一跳出一对斜昂，第二跳出两对斜昂。前檐柱头卷杀明显，疑有元代建筑风格。

庙内保存有清重修石碑 4 通。

北流龙王庙全景

北流龙王庙山门

北流龙王庙戏台

黎城文庙大成殿

位置　长治市黎城县黎侯镇大南街第三中学院内

时代　明代

类型　古建筑

2021年，被山西省人民政府公布为第六批省级文物保护单位。

据文献记载，黎城文庙创建于宋金时期，元宪宗九年（1259）、元至元三十一年（1294）、明洪武二年（1369）、明成化年间、明嘉靖年间、明隆庆四年（1570）、清顺治十四年（1657）、清乾隆四十八年（1783）、清道光六年（1826）、清光绪十三年（1887）多次修葺。大成殿坐北朝南，占地面积331平方米。大成殿为明代遗构。

大成殿建于砖砌台基之上，面阔七间，进深六椽，单檐悬山顶，殿内梁架为五架梁后对双步梁。前、后檐各施斗栱十五攒，前檐为五踩重昂，后檐为五踩单昂单翘；后檐金柱施五踩十字斗栱六攒；明间、次间东西缝脊瓜柱，柱身两侧均做装饰斗栱，两跳出重翘，翘上施升斗、花栱，与垂莲柱共成一体。

殿宇周边存有石狮、碑座、龙头水口、夹杆石、抱鼓石以及《黎城重修宣圣庙记》碑等石质文物。

黎城文庙大成殿屋顶山面

黎城文庙大成殿梁架

黎城文庙大成殿立面

三官三教关帝庙

位置：长治市黎城县东阳关镇枣镇村

时代：清代

类型：古建筑

2021 年，被山西省人民政府公布为第六批省级文物保护单位。

三官三教关帝庙创建年代不详，据现存碑及石碣记载，明万历十八年（1590）、清、民国时期均有修葺。庙宇坐北朝南，二进院落布局，占地面积约 1725 平方米。中轴线上由南向北建有倒座戏台、过殿、大殿，两侧为东西耳房、东西廊房。现存各建筑均为清代遗构。

大殿立于 1 米高的青石台基上，面阔九间，进深五椽，单檐硬山顶，六檩前廊式构架，前檐施斗栱十九攒，柱头科为三踩单翘，平身科为三踩单下昂，明间、补间铺作出斜昂一对。额枋通体木雕。

过殿面阔五间，进深六椽，单檐歇山顶，七架梁通达前后檐，前后檐柱头科五踩重翘斗栱，平身科五踩单翘单昂，前檐明间和后檐明间的平身科出斜昂。过殿内部构架遍施木雕，殿中部设隔扇门，明间后檐设木屏风。

戏台建于 1.47 米高的青石台基上，面阔三间，单檐硬山顶，前檐柱头科、平身科均为三踩单翘。

庙内保存明、清石碣各 1 通，民国碑 1 通。

三官三教关帝庙全景

三官三教关帝庙戏台

三官三教关帝庙大殿

三峻庙

位置　长治市壶关县黄山乡南阳护村

时代　金代至清代

类型　古建筑

2001 年，被国务院公布为第五批全国重点文物保护单位。

三嵕庙创建年代不详，庙内供奉的“三嵕”是古代传说中的羿，因其能为民除害又能御云雨，民众有祷必应，故当地百姓兴工动土，修建该庙为祭祀场所。据庙内碑刻记载，宋崇宁二年（1103）赐额，金大定十五年（1175）重建，元、明、清历代均有维修。三嵕庙坐北朝南，现存为一进院落布局，占地面积 1174 平方米。中轴线上由南向北依次有山门、献殿、正殿；两侧有钟、鼓楼，东、西廊房，东、西耳殿。现存正殿为金代遗构，其余皆为清代遗构，山门为拆除后改建。

正殿建于高 0.6 米的石砌台基之上，面阔三间，进深六椽，单檐悬山顶，前檐与卷棚式献殿相接。梁架为四椽栿对前乳栿用三柱，殿内平梁上方蜀柱施合楷，蜀柱之上设丁华抹颏栱及大叉手共同承托脊槫。三椽栿自然弯曲，前端插入蜀柱，后尾施驼峰承托，驼峰之上承襻间斗、枋及上平槫，下压四椽栿。前檐斗栱为五铺作单杪单下昂计心造，后檐斗栱为四铺作单杪计心造。明、次间各设四扇四抹头隔扇门。

献殿面阔三间，进深一间，四檩卷棚硬山顶，檐下斗栱为三踩单下昂计心造。

庙内存重修碑 1 通。

三嵕庙是一处以三嵕为祭祀题材的庙宇，极具代表性，同时保存有金代至清代的文物建筑，展现了晋东南地方建筑风格和建筑手法，其正殿为研究晋东南金代建筑提供了重要的实物资料。

三峻庙全景

三嵕庙正殿、献殿

三嵕庙正殿殿内梁架

庄头天仙庙

位置　长治市壶关县晋庄镇庄头村

时代　元代

类型　古建筑

2013年，被国务院公布为第七批全国重点文物保护单位。

根据碑碣记载，庄头天仙庙创建于宋建隆元年（960），明崇祯二年（1629）、清康熙十年（1671）皆有重修。该庙坐北朝南，一进院落布局，占地面积1551.88平方米。中轴线上由南向北依次有山门、献殿基址、正殿，两侧分别对称有钟、鼓楼和东、西耳殿。庙内现存的正殿是一处比较典型的元代遗构，其余建筑为清代遗构。

正殿建于高0.15米的石砌台基之上，平面近方形，面阔三间，进深六椽，单檐悬山顶，筒板布瓦屋面，琉璃屋脊。梁架结构是四椽栿对前乳栿的砌上露明造，用材粗犷，梁架节点施用驼峰。殿内进深方向通檐用三柱，使用移柱做法，平面前金柱内移，前平柱向两次间移动。前檐柱有明显的侧脚和生起，柱头之上设栌斗各一，斗内设华栱与绰幕枋十字搭交，绰幕枋由次间穿过平柱柱身向当心间伸出，制成楷头，扶托于檐额之下。栌斗之上架设通三间长的普拍枋，是用圆木稍加砍削后直接使用的。枋上施用柱头铺作四朵，补间铺作三朵。柱头斗栱形制为五铺作双下昂，重栱偷心造，下昂里转为单杪，二昂里转制成楷头，托于乳栿梁下。补间铺作是在一层素枋上隐刻异形栱，上置两个散斗形成的。前檐装修设于金柱之间，为通三间的落地隔扇门。

献殿坍塌，现仅存台基与础石。

山门位于庙院的南端，面阔三间，进深五架，平面柱网布局

天仙庙外景

为分心造，前后檐各立木柱四根，居中脊檩轴线位置以墙代柱。前后檐柱头檐额之上施用柱头科四攒，平身科三攒，斗栱形制为五踩双下昂，平身科斗栱出 45°斜栱。墙上居中辟板门，两次间墙体外立面做砖雕影壁。屋顶为筒板布瓦屋面，前檐两山出翼角，形成前歇山后悬山的屋顶。

钟楼、鼓楼分别位于山门的两侧，平面呈方形，两层楼式，单檐歇山顶。下层室内设台阶登临二层，上层平面四角立砖柱各一根，柱头联络小额枋、平板枋。枋上设转角斗栱四攒、平身科斗栱四攒，斗栱之上承歇山构架。

庙内保存有清乾隆三十二年（1767）《重修天仙庙碑记》、清乾隆五十二年（1787）《禁赌碑》。

天仙庙现存主体建筑正殿的梁架和斗栱木结构做工古朴大方，具有浓郁的元代建筑风格；建筑布局上采用移柱法，增大明间的跨度，较为完整地保留了元代建筑的特点和风貌，是一处不可多得的元代建筑遗存。天仙庙作为研究元代建筑的重要实例，具有较高的历史和艺术价值。

天仙庙正殿

真泽二仙宫

位置 长治市壶关县树掌镇神北村

时代 元代至清代

类型 古建筑

2006年，被国务院公布为第六批全国重点文物保护单位。

真泽二仙宫，又称“真泽宫”，创建于唐乾宁二年（895），原址在翠微山之北，神郊河南岸。据庙内碑文记载，宋开宝八年（975）重修，崇宁四年（1105）为“二仙”加封号“冲惠”“冲淑”，并赐额“真泽宫”，元至元五年（1268）再次修葺。明万历二年（1574）因遭水患，将庙迁到神郊河北岸（即现址），建筑全盘移建，神像移塑。其后，明晚期，清、民国时期屡有增建或维修。

真泽二仙宫坐北朝南，依山而建，原为五进院，现存三进院，宫前砌有台阶，占地面积9000平方米。中轴线上自南向北依次为牌楼、山门（戏楼）、当央殿、寝宫、后殿，两侧为望河楼、钟楼、鼓楼、梳妆楼、插花楼，各院东西均建有配殿。

当央殿为宫内主体建筑，建于高约1米的石砌台基上，殿前设方形月台，殿身面阔五间，进深八椽，单檐歇山顶，筒板瓦覆盖。殿顶有黄绿琉璃脊饰、吻兽。殿前前檐设廊，廊深二椽。大木构架基本保留元代建筑特征。殿内梁架为六椽栿对前乳栿通檐用四柱，六椽栿上设蜀柱、襻间枋、斗栱承托四椽栿，四椽栿上设平梁。前廊檐下柱头斗栱为五铺作双杪，龙形耍头，

补间斗栱为五铺作单下昂单杪，出 45° 斜栱两道。前檐廊柱与檐柱为方形抹棱石柱，廊柱间额枋上镂雕人物故事图案，枋下设雀替，柱两侧设垂莲柱。前檐当心间、次间设隔扇门，两梢间设直棂窗。

寝宫面阔五间，进深六椽，单檐－悬山顶，主体为明代遗构。殿内梁架为五架梁对前双步梁通檐用四柱。前檐设廊。廊檐下设柱头、补间斗栱各一攒，均

真泽二仙宫当央殿

真泽二仙宫全景

为五踩双下昂。殿内塑二仙真人卧像，四壁绘神态各异的百子图，形象逼真，栩栩如生。

真泽二仙宫内保存有宋、元、明、清、民国时期碑碣 38 通。

真泽二仙宫建筑布局独特，规模宏大，集元至清历代建筑风格于一体，具有地方性建筑特色。殿内壁画内容翔实，故事性强；殿顶琉璃脊兽金碧辉煌，保存较好；木质透雕玲珑剔透，鬼斧神工，是一处极具研究价值的古建筑群，配以周边风景秀丽的翠微山、轿顶山，更显得雄伟壮观、魅力无穷。

真泽二仙宫寝宫

沙窟遗址

位置 长治市壶关县黄山乡沙窟村西250米

时代 新石器时代

类型 古文化遗址

1996年，被山西省人民政府公布为第三批省级文物保护单位。

沙窟遗址北临季节河，东西约500米，南北约200米，分布面积约10万平方米，包含新石器时代、夏代、商代、东周、汉代等阶段文化遗存。

在遗址范围内的断崖上发现大量灰坑，灰坑文化堆积层达1.5米厚，地表采集有大量陶片，以绳纹、网纹、弦纹居多，可辨器形有鬲足、豆柄、口沿等，质地均属泥质夹砂陶。

采集有新石器时代遗物包括素面灰陶器残片、夹砂绳纹附加堆纹灰陶片、泥质绳纹灰陶罐底部残片、泥质篮纹灰陶折肩罐肩部残片，汉代遗物有泥质素面灰陶罐口沿残片。

该遗址时代历经新石器时代、先秦及两汉，是难得的区域历史活化石，为较为完整地揭示该地历史变迁提供了蓝本。

沙窟遗址全景

沙窟遗址标示碑

沙窟遗址近景

秦庄东岳庙

位置 长治市壶关县龙泉镇秦庄村东

时代 元代、清代

类型 古建筑

2004 年，被山西省人民政府公布为第四批省级文物保护单位。

秦庄东岳庙创建年代不详。该庙坐北朝南，二进院落布局，占地面积 1290 平方米。中轴线上由南向北依次存中殿、正殿，前院已毁不存，两侧仅存东、西配殿。现存正殿梁架为元代遗构，其余建筑为清代遗构。

正殿建于高 0.9 米的石砌台基之上，面阔五间，进深六椽，四椽栿对前乳栿通檐用三柱，前廊式构架，屋顶为单檐悬山顶，屋面琉璃剪边，施琉璃脊兽，柱头为五铺作双下昂。

秦庄东岳庙为研究当地的寺庙建筑提供了实物资料。

秦庄东岳庙正殿立面

秦庄东岳庙西配殿立面

秦庄东岳庙中殿立面

辛村大禹庙

位置 长治市壶关县集店镇辛村

时代 元代、清代

类型 古建筑

2016年，被山西省人民政府公布为第五批省级文物保护单位。

辛村大禹庙创建年代不详。该庙坐北朝南，一进院落布局，占地面积819.28平方米。中轴线上存献殿、正殿，两侧存西配楼，东配殿（楼），东、西耳殿。现存正殿为元代遗构，献殿为明代遗构，其余为清代遗构。

正殿面阔三间，进深六椽，单檐歇山顶，琉璃脊饰。四椽栿对前乳栿通檐用三柱，前檐柱头斗栱为五铺作双下昂；四椽栿与前乳栿搭交，梁架粗犷，斗栱肥硕，殿内立砂石柱，不做精细雕刻，具有典型的元代遗风；前檐墙及门窗已改建新制。

献殿与正殿连构，建在高1.1米的青石台基上。献殿面阔三间，进深两椽，卷棚顶，三檩构架，前檐柱头科施三踩单昂。

辛村大禹庙献殿前檐斗栱

辛村大禹庙正殿、献殿及院景

辛村大禹庙正殿后景

东旺庄二仙真人庙

位置 长治市壶关县集店镇东旺庄村

时代 元代至民国

类型 古建筑

2021年，被山西省人民政府公布为第六批省级文物保护单位。

东旺庄二仙真人庙，俗称“九天圣母庙”，始建规模和年代不详。该庙坐北朝南，一进院落布局，占地面积955平方米。中轴线上由南向北依次建有山门（戏楼）、献殿、正殿，两侧分列东、西妆楼，东、西配殿和东、西耳殿。现存正殿为元代遗构，献殿为明代遗构，其余为清代与民国遗构。

山门由两部分组成，下部明间为山门通道，上部为倒座戏楼。戏楼台口高3米，面阔三间，进深四椽，单檐悬山顶，五檩无廊式构架，柱头三踩单昂。

献殿面阔三间，进深三椽，四檩卷棚式构架，梁架保留有彩绘，柱头三踩单昂。

正殿面阔三间，进深六椽，单檐悬山顶，琉璃脊刹，殿内柱网采用减柱法，梁架为四椽栿对前乳栿前廊式构架，柱头五铺作双下昂，耍头作昂形。梁架保留有彩绘，西山墙有壁画，前檐装修为板门、直棂窗。

东、西妆楼建筑两层，面阔三间，进深四椽，双坡硬山顶，五架梁。

东、西配殿面阔五间，进深四椽，双坡悬山顶，四架梁对前单步梁。

庙内存明、清、民国重修碑各1通。

东旺庄二仙真人庙院景

东旺庄二仙真人庙西配殿立面

东旺庄二仙真人庙正殿立面

骞堡汤王庙

位置 长治市壶关县龙泉镇骞北村

时代 元代、清代

类型 古建筑

2021年，被山西省人民政府公布为第六批省级文物保护单位。

骞堡汤王庙创建年代不详。该庙坐北朝南，二进院落布局，占地面积1070.72平方米。中轴线上现仅存正殿，两侧建有东、西厢房，东、西配殿，西耳殿。现存正殿为元代遗构，西耳殿与东、西配殿为清代建筑，其余为新建。

正殿面阔三间，进深六椽，单檐悬山顶，殿顶施琉璃剪边且饰脊兽，檐柱和金柱均为青石，柱头斗栱为四铺作单下昂，前墙新砌，装修已改。

西耳殿面阔一间，进深一间，横向窑洞，窑脸采用三踩砖制斗栱三攒，其上施砖制飞椽。

东、西配殿面阔三间，进深四椽，双坡硬山顶，五架梁通檐前后用两柱。

正殿西次间前檐墙体内嵌有修缮碑1通。

骞堡汤王庙航拍图

西归善大明寺

位置：长治市壶关县龙泉镇西川底村

时代：元代至明代

类型：古建筑

2021 年，被山西省人民政府公布为第六批省级文物保护单位。

西归善大明寺创建年代不详。据庙内碑刻记载，清乾隆二十二年（1757）、乾隆三十四年（1769）均有修缮。2018 年，对正殿进行修缮。该寺坐北朝南，一进院落布局，占地面积 526 平方米。中轴线上建有山门（新建）、正殿，两侧为东、西厢房。现存正殿为元代遗构，其余均为明代建筑。

正殿面阔三间，进深六椽，双坡悬山顶，前乳栿对四椽栿通檐用三柱，前廊式构架。柱头铺作为四铺作单下昂，出 45° 斜栱。前檐明间置板门，次间设直棂窗。

寺内现存清代石碣 2 方。

西归善大明寺正殿斗栱

西归善大明寺山门

西归善大明寺正殿

逢善天齐庙

位置 长治市壶关县集店镇逢善村南

时代 元代、清代

类型 古建筑

2016年，被山西省人民政府公布为第五批省级文物保护单位。

逢善天齐庙，俗称“东岳大帝庙”，创建年代不详。该庙坐北朝南，一进院落布局，占地面积1220平方米。中轴线上由南向北依次有抱厦、山门（戏楼）、正殿；两侧对称有东、西妆楼，钟、鼓楼，东、西配房，东、西廊房，东、西耳殿。现存正殿为元代遗构，其余为清代遗构。

正殿建于高0.72米的青石台基上，面阔三间，进深六椽，单檐悬山顶，四椽栿压前乳栿用三柱，梁架残存彩绘，山墙残存壁画约12平方米。

山门前出三间抱厦。山门由两部分组成，下部明间为山门通道，上部为倒座戏楼。戏楼台口高3米，面阔三间，进深四椽，单檐悬山顶。

庙内保存有清道光十九年（1839）《天齐庙铸钟记》碑1通。

逢善天齐庙正殿用材粗犷，较为完整地保留了元代建筑的特点和风貌，是一处不可多得的元代建筑遗存，具有重要的历史价值。

逢善天齐庙全景

逢善天齐庙山门（戏楼）、妆楼、钟楼、鼓楼立面

逢善天齐庙正殿及院景

四家池唐王庙

位置 长治市壶关县龙泉镇四家池村

时代 明代至清代

类型 古建筑

2021年，被山西省人民政府公布为第六批省级文物保护单位。

四家池唐王庙创建年代不详，清乾隆五十六年（1791）、乾隆五十九年（1794）均有重修。该庙坐北朝南，一进院落布局，占地面积684平方米。中轴线上最北端建有正殿，轴线两侧自南向北依次对称有东、西配房。现存正殿为明代遗构，其余均为清代遗构。

正殿，建筑面积307平方米，面阔七间，进深六椽，四椽栿对前乳栿通檐用三柱，单檐悬山顶，柱头铺作为五铺作双下昂。

庙内现存清代石碑4通。

四家池唐王庙航拍图

法兴寺

位置　长治市长子县慈林镇崔庄村

时代　唐代

类型　古建筑

1988年，被国务院公布为第三批全国重点文物保护单位。

据文献及法兴寺存碑刻记载，该寺始建于十六国时期的后凉神鼎元年（401），初名“慈林寺”。唐咸亨四年（673）建石舍利塔一座，上元元年（674）改名“广德寺”且予以扩建，大历八年（773）又造长明灯台（即燃灯塔）一座。宋初更名为“法兴寺”，元丰四年（1081）重建十二圆觉菩萨殿。元、明、清又屡有修葺。寺址原在县城东15千米的慈林山麓，1984—1996年将其整体搬迁至翠云山南坡，即为现址。寺依山而建，坐北朝南，现存二进院落。中轴线上由南向北依次建有山门、石舍利塔、燃灯塔、圆觉殿、毗卢殿；两侧建有关公殿，伽蓝殿，东、西配殿等。

石舍利塔，又称“石殿”，建于唐咸亨四年。塔通体砂石构造，平面呈回字正方形，每边长8.8米。塔身南北均砌筑拱形石券门，东西两侧和上层正面檐下分别留有采光通风口。方形塔室，宝顶藻井内浮雕精美，四壁原有绘画，壁画人物形象端庄。塔檐四周用砂石板构筑，向外叠出三层，上部反叠涩结构，且逐层叠压至四角并有明显翘起。塔刹束腰须弥座上间隔置仰莲承托二层相轮与宝珠。

圆觉殿是寺内体量最大的建筑，创建于五代后晋开运二年（945），宋元丰四年（1081）重建。现存主体结构及殿内附属文物均为宋代原物。石砌台基，殿基外沿条石垒砌，须弥座束腰部分雕有花纹图案。殿身平面近方形，面阔三间，进深六椽，单

法兴寺全景

法兴寺十二圆觉彩塑局部

法兴寺燃灯塔

檐歇山顶，灰筒板瓦屋面。殿内梁架为后乳栿对前四椽栿通檐用三柱。柱子均为石柱，前檐明间施石门框，露明处雕刻有精美的花卉图案，门楣与前檐明间左侧檐柱及殿内后槽金柱上刻有宋代布施铭文。柱头斗栱为七铺作双杪双下昂，昂呈批竹式。殿内砌凹字形须弥座佛坛，坛上现存佛、菩萨、弟子、十二圆觉彩塑共 19 尊。

寺内存唐宋以来的碑碣 10 余通（方）。

法兴寺以唐代石舍利塔、唐燃灯塔、宋代彩塑十二圆觉像为“三绝”，寺内唐塔、石雕、宋代建筑和彩塑荟萃，是国内同时期、同类型建筑、艺术的精品，为研究中国古代建筑、石刻、雕塑艺术提供了珍贵的实物资料。

崇庆寺

 位置：长治市长子县色头镇琚村

 时代：宋代

 类型：古建筑

1996年，被国务院公布为第四批全国重点文物保护单位。

据崇庆寺内碑刻记载，该寺创建于宋大中祥符九年（1016），元丰二年（1079）完备塑像，明、清均有扩建和修葺。该寺坐北朝南，现存主体为一进院落，占地面积2682.71平方米。中轴线上由南向北依次为影壁、天王殿（山门）、千佛殿，两侧为关帝殿、卧佛殿、三大士殿（罗汉殿）、给孤长者殿、十帝殿（地藏殿）、东院（禅房院）等。

千佛殿为寺内主殿，创建于宋大中祥符九年。石砌台基，殿身面阔三间，进深六椽，平面呈方形，单檐歇山顶，筒板瓦屋面，黄绿琉璃瓦剪边。殿内梁架为彻上露明造，四椽栿对后乳栿通檐用三柱，有明显的生起和侧脚。柱间施阑额、普拍枋。柱头斗栱为五铺作单杪单下昂，无补间铺作。殿内设束腰须弥座式佛坛，上供一佛、二菩萨及背面侧坐观音像，均经后人修补，面相、衣饰、手法呈明塑特征，布列形式、造型尚存宋代风格。

三大士殿俗称“西配殿”，又称“罗汉殿”，

崇庆寺全景

崇庆寺三大士殿内彩塑

崇庆寺十帝殿内彩塑

崇庆寺千佛殿

宋代建筑，明代重修。建筑平面近方形，面阔三间，进深四椽，单檐悬山顶。殿外观装修呈明清特征，内部梁架结构为宋代原物。殿内前槽设金柱，柱头卷杀明显。梁架结构为四椽栿前压乳栿用三柱。殿内有低矮的佛坛，正面留有刻字，记载有“元丰二年二月内砌造”及施主姓名。坛上中央塑观音、文殊、普贤三大士像，三者分别驾麒麟、狮、象三兽。三大士头戴花冠，面部俊秀，塑造技法上较多运用凸起线条，以衣袖的倾斜衬托身姿的动态平衡，表现更加真实、生动。殿两侧塑十八罗汉坐像，每侧 9 尊，情态生动、劲健有力。

十帝殿又称“地藏殿”，面阔三间，进深四椽，单檐悬山顶，殿内佛台塑地藏菩萨及侍者，左、右分塑十帝阎君和六曹判官等，这些塑像与上部悬塑等都是明代彩塑的上佳之作。

寺内存清代碑碣 3 通。

崇庆寺历史悠久、布局完整，保存有宋代、明代、清代不同历史时期的文物，为研究区域历史文化艺术提供了重要的实物资料。千佛殿和三大士殿较为完整地保留了宋代的建筑形制和塑像特征，是研究中国宋朝时期建筑和艺术的重要素材。寺内所存宋代、明代彩塑是中国古代彩塑中的杰作，集中体现了古人的审美情趣和艺术水平。

小张碧云寺大殿

位置 长治市长子县丹朱镇小张村

时代 宋代

类型 古建筑

2013年，被国务院公布为第七批全国重点文物保护单位。

小张碧云寺始建年代不详。大殿建于北宋时期，据正脊上清康熙二十七年（1688）重修题记可知，其时寺院名为“三教堂”。寺院坐北朝南，依台地而建，上下分为三层，大殿位于最上层台地，东、西两侧连排厢房在中层台地，院外最下层台地为戏台院，占地面积约1180平方米。

大殿面阔三间，进深六椽，单檐歇山顶，筒板瓦屋面。四架椽屋，三椽栿对劄牵用三柱，劄牵与三椽栿对接。大叉手与襻间枋相交承脊槫，无丁华抹颏栱，脊槫下用单材襻间，隔间相闪。丁栿平置，上设驼峰、坐斗，承单材枋，枋上置斗，斗口内十字方向出支替承栱，栱承系头栿。檐下斗栱布局疏朗，柱头铺作和转角铺作均为四铺作单下昂偷心造，补间铺作隐刻一斗三升。

小张村碧云寺大殿建筑规制符合晋东南地区北宋中晚期建筑的特点，是珍贵的北宋木构建筑，具有重要的历史价值。

小张碧云寺大殿

小张碧云寺大殿前檐柱头铺作

布村玉皇庙

位置 长治市长子县慈林镇布村

时代 宋代至清代

类型 古建筑

2013年，被国务院公布为第七批全国重点文物保护单位。

布村玉皇庙内现存2通碑刻，但均未记载寺庙历史。由于缺乏文字史料，庙宇创建年代及历史沿革不明。庙院坐北朝南，现存二进院落，占地面积1996.4平方米。沿中轴线依次分布门楼（前出抱厦）、前殿遗址、献殿、中殿、后殿，院落东、西两侧建厢房，倒座戏台下设山门外出抱厦，左、右两侧为妆楼，后殿东、西两侧设朵殿，西侧为跨院。根据院落格局和建筑形制判断，玉皇庙仍可见宋金时期的寺庙布局特点，其中殿为北宋遗构，后殿、东朵殿为金代建筑，其余建筑均属清代建筑。

中殿建于须弥座上，面阔三间，进深四椽，单檐歇山顶，筒板布瓦屋面，琉璃脊饰。殿内柱与前檐檐柱同高，为殿堂式。前檐平柱为八边形石柱，柱脚施用覆盆柱础，但大小和装饰不一，前檐平柱柱础仍可见莲瓣纹。殿内梁架三椽栿对劄牵，梁栿加工略显粗糙，但三椽栿、劄牵和丁栿在檐部仍刻出月梁斜项。两山丁栿，偏后檐一侧者平置，与三椽栿、劄牵相交，偏前檐一侧者斜置，与三椽栿上的大驼峰相交。檐下斗栱布局疏朗，柱头铺作为四铺作双杪偷心造，各间补间铺作隐刻。

后殿亦建于须弥座上，面阔三间，进深六椽，单檐硬山顶。

布村玉皇庙全景

布村玉皇庙中殿

殿内置后槽金柱两根，梁架形式为六架椽屋前四椽栿压乳栿用三柱。前檐斗栱布局疏朗，不施出跳补间铺作，斗栱为五铺作单杪单下昂，重栱计心造。

布村玉皇庙反映出当地宋金时期庙宇布局的特点，特别是中殿，对研究北宋晚期建筑形制演变提供了珍贵的史料，具有重要的历史价值。

天王寺

位置：长治市长子县丹朱镇同昱村

时代：金代

类型：古建筑

2006年，被国务院公布为第六批全国重点文物保护单位。

据清光绪八年（1882）《长子县志》记载，天王寺创建于唐永徽年间，宋、金、元、明、清历代均有修葺。明洪武年间置僧会司；清康熙三十二年（1693）增修钟楼、鼓楼各一，罗汉房六楹，东、西僧房十楹，规模得以进一步扩大。2011年，对主体建筑和周边环境进行了修缮与整治。寺院坐北朝南，二进院落布局，占地面积约1400平方米。现仅存中殿及后殿，为金代遗构。

中殿面阔三间，进深六椽，单檐歇山顶，柱头斗栱为五铺作单杪单下昂，雄健朴实。梁架结构为六椽栿通达前后檐，梁架规整，用材敦厚，采用减柱法，结构简洁。殿顶饰琉璃脊兽，灰色筒板瓦覆盖屋面，屋坡举折平缓，出檐深远，明显保留了宋金时期的建筑风格。

后殿面阔五间，进深四椽，单檐悬山顶，梁架结构为四椽栿对后乳栿用三柱。殿内实施减柱法，柱网疏朗，梁架简洁，为彻上露明造。斗栱用材硕大、朴实无华。后殿建筑布局及用材体现了金代建筑风格。

天王寺内中殿、后殿的梁架和铺作是现存金代建筑的典型之作，尤其是中殿斗栱采用内偷外计单杪单下昂五铺作手法、柱头卷杀、栌斗大于柱围，具有极高的考古研究价值，是我国建筑史中金代建筑的范例。

天王寺后殿

天王寺中殿

韩坊尧王庙大殿

位置 长治市长子县大堡头镇韩坊村

时代 金代

类型 古建筑

2013年，被国务院公布为第七批全国重点文物保护单位。

韩坊尧王庙始建年代不详，据庙内存碑记载，元至元十五年（1278）重修，明、清历代均有修葺。庙坐北朝南，一进院落，占地面积938平方米。现存有大殿、山门及倒座戏台。大殿为金代遗构，附属建筑均已坍塌，仅存基址。

大殿面阔三间，进深六椽，单檐歇山顶，筒板瓦屋面。梁架形式为厅堂造，六架椽屋乳栿对四椽栿用三柱。前檐丁栿平置，上施蜀柱承系头栿；后檐丁栿斜置于四椽栿之上，上施驼峰承系头栿。角梁后尾置于下平槫之下。叉手与丁华抹颏栱咬合。普拍枋至角柱处出头，阑额不出头。檐下斗栱分布对称、疏朗，补间铺作隐刻。斗栱均为五铺作双杪，重栱计心造，栱身作琴面昂状。

韩坊尧王庙大殿是我国为数不多的金代木构建筑遗存，其主要梁架、前檐斗栱等大木作构件基本为原构，具有较高的历史真实性。大殿主要木构形制具有晋东南地区金代中后期木构建筑的典型特征，与宋代《营造法式》接近，反映了晋东南金代建筑受《营造法式》影响的历史，揭示了该地区从宋代至元代建筑形制的传承与变迁，为研究我国古代建筑的发展流变和技术、艺术特色提供了宝贵的实物资料。

韩坊尧王庙大殿远景

韩坊尧王庙大殿

长子崔府君庙大殿

位置 长治市长子县丹朱镇东大街

时代 金代

类型 古建筑

2013年，被国务院公布为第七批全国重点文物保护单位。

据《潞安府志》《长子县志》及长子崔府君庙内重修题刻记载，该庙始建于宋大观二年（1108）前后，元代至清代皆有重修。明万历四十一年（1613）增建舞楼。该庙坐北朝南，占地面积766平方米。庙内原有山门、舞楼、献亭、大殿、寝宫等，现仅存大殿，为金代建筑。

大殿建于高大的台基上，面阔五间，进深四间，单檐歇山顶，筒瓦屋顶。梁架形式为厅堂造，八架椽屋前后乳栿对四椽栿用四柱。大殿檐下斗栱分布不对称，前檐逐间施一朵补间铺作，两山及后檐无补间铺作。斗栱均为五铺作计心重栱，柱头铺作出双杪，补间铺作出单杪单下昂。

长子崔府君庙大殿是我国重要的金代木构建筑遗存，反映了晋东南地区金代木结构共性特征，是研究晋东南五开间金代传统木结构区域性特征及营造技术的实物资料，具有很高的历史、科学价值。

此外，作为崔府君信仰发源地的长子崔府君庙，其现存的文献记载和建筑规制，对研究崔府君信仰的发展变迁以及长子县城的历史格局，均提供了珍贵而可靠的史料。

长子崔府君庙大殿

长子崔府君庙大殿前檐转角铺作

下霍护国灵贶王庙

位置　长治市长子县丹朱镇下霍村下辖的八里洼自然村

时代　金代、清代

类型　古建筑

2013年，被国务院公布为第七批全国重点文物保护单位。

下霍护国灵贶王庙始建年代不详。大殿檐柱上有金大定二十四年（1184）施柱题记，门枕石上有金明昌五年（1194）题记。庙内所存清康熙四十一年（1702）《重修碑记》记载了顺治十一年（1654）为该庙砖砌正殿、创立香亭、栽培树木、修筑墙垣，康熙二十四年（1685）移舞楼、重修庙房等。该庙坐北朝南，现存一进院落，占地面积2891平方米。现存大殿为金代遗构，献殿为清代建筑。

大殿面阔三间，进深六椽，单檐悬山顶，筒板瓦屋面。梁架形制为四椽栿对前乳栿通檐用三柱。乳栿衬于四椽栿下，在前檐成柱头铺作耍头。前檐柱头斗栱为六铺作重栱计心造，当心间补间铺作出45°斜栱。后檐柱头斗栱为五铺作，里转双杪偷心。后檐补间铺作为隐刻翼形栱。

下霍护国灵贶王庙建制完整、规模宏大，大殿木构梁架、斗栱具有较明显的金代建筑特征，具有重要的历史价值。该庙对考证护国灵贶王信仰在长治地区的发展与传承，提供了实物例证。

下霍护国灵贶王庙全景

下霍护国灵贶王庙大殿

义合三教堂

位置 长治市长子县大堡头镇义合村

时代 金代至民国

类型 古建筑

2013年，被国务院公布为第七批全国重点文物保护单位。

义合三教堂始建年代不详。庙内现存清道光三年（1823）重修碑记和道光十七年（1837）重修题记。义合三教堂坐北朝南，一进院落，占地面积1123平方米。中轴线上保存有献殿、大殿，大殿两侧设朵殿，殿前仅存东厢房。现存大殿为金代建筑，献殿为元代建筑，其余皆为清、民国时期建筑。

大殿面阔、进深均为三间，单檐悬山顶，筒板瓦屋面。六架椽屋，四椽栿对乳栿用三柱。乳栿衬于四椽栿之下。普拍枋至角部出头，阑额至角柱处砌于墙内不可见。前檐柱头斗栱为五铺作单杪单下昂，昂作琴面插昂，昂嘴较薄。扶壁栱为泥道单栱承柱头枋，枋上隐刻泥道慢栱；铺作里转出两跳华栱承楷头承四椽栿。前檐补间铺作隐刻翼形栱，枋上置散斗隔承。

献殿面阔三间，进深四架椽，单檐悬山顶，筒板瓦屋面。四架椽屋通檐用两柱。前檐施阑额、普拍枋，两者至角柱处砌于墙内不可见。后檐檐柱上用通长三间的檐额。后檐斗栱为五铺作双杪计心造。栱身做昂头状，昂头中间起棱、下颤上翘，昂嘴高厚、呈五边形。令栱、替木抹斜。足材蚂蚱头。交互斗呈五边形。扶壁栱为泥道单栱承柱头枋。檐额上两朵铺作自栌斗口出斜栱两跳，第一条跳头上又出斜栱一跳，耍头作龙头状。

义合三教堂是一处集金、元、清三个时期的建筑特征于一体的民间庙宇，其历史悠久，所包含的文化底蕴深厚。虽然该庙院的原有布局已被破坏，但庙内的大殿及献殿仍是研究这一地域金元时期建筑的重要实例，具有较高的历史文物保护价值。

义合三教堂大殿

义合三教堂献殿

前万户汤王庙

位置
长治市长子县丹朱镇前万户村

时代
元代

类型
古建筑

2013年，被国务院公布为第七批全国重点文物保护单位。

前万户汤王庙创建年代不详。该庙坐北朝南，占地面积约1045平方米。中轴线上有正殿，两侧有东、西耳殿，东、西配殿。现存正殿为元代遗构，其余建筑为清代风格。

正殿面阔三间，进深六椽，单檐悬山顶，筒瓦屋面。梁架形制为乳栿对四椽栿通檐用三柱；四椽栿上以蜀柱大斗承平梁，平梁两端以替木承上平槫。叉手抵脊槫两侧，不用丁华抹颏栱。柱头斗栱为五铺作单杪双下昂。前檐柱头铺作为五铺作双杪计心造，琴面式昂，出45°斜栱。补间铺作逐间一朵，较柱头减一跳，为四铺作。内檐柱头铺作为五铺作双杪计心造，上承乳栿，斗内出45°斜栱，要头为蚂蚱头。

前万户汤王庙布局严谨有序，寺院格局在晋东南地区具有一定的代表性。正殿为元代木构建筑遗存，具有极高的历史价值，为研究这一地域元代木构建筑构架的形制、风格及元迄清建筑演变的过程提供了实物例证。

前万户汤王庙全景

前万户汤王庙正殿

长子文庙大成殿

位置　长治市长子县丹朱镇

时代　元代

类型　古建筑

2019年，被国务院公布为第八批全国重点文物保护单位。

长子文庙大成殿始建于宋建中靖国元年（1101），明洪武二年（1369）到崇祯十四年（1641），历经多次重修，现存建筑为元代遗构。

大成殿坐北朝南，面阔五间，进深八椽，单檐歇山顶，筒板布瓦屋面，琉璃脊饰。周檐立柱截面呈方形，柱子上窄下宽，收分和缓舒畅。殿内梁架采用厅堂式彻上露明造，为四椽栿对前后乳栿通檐用四柱。斗栱为四铺作单杪，前后檐及山面柱头铺作相同，不用补间铺作。以支替承华栱及柱头枋，用批竹昂状要头，昂中央起棱。角铺作使用下昂。

长子文庙大成殿有1通石碑，即《孔子遗像造像碑》。石碑通体青石，通高3米，碑身高2.6米，宽0.77米，厚0.28米；碑座高0.4米，宽1.06米，厚0.62米。碑首篆额为“宣圣遗像”。

长子文庙大成殿外檐斗栱为北宋原构，体现了典型的北宋晚期建筑特点，具有重要的历史价值。

长子文庙大成殿

长子文庙大成殿转角铺作

中漳伏羲庙

位置：长治市长子县南漳镇中漳村

时代：元代至明代

类型：古建筑

2013年，被国务院公布为第七批全国重点文物保护单位。

中漳伏羲庙始建年代不详，据庙内碑文记载，明崇祯，清乾隆、同治年间均有重修。该庙坐北朝南，现存一进院落，占地面积约1600平方米。沿中轴线依次分布山门、献殿、大殿，大殿左、右设耳殿，院内东、西两侧为连排厢房。庙内仅存献殿和大殿，大殿为元代建筑，献殿为明代建筑。

大殿面阔三间，进深四椽，单檐悬山顶，筒板瓦屋面。梁架结构为四架椽屋劄牵对三椽栿用三柱，劄牵衬于三椽栿下，殿内梁栿均用弯材。前檐斗栱布局疏朗，补间铺作隐刻，后檐无斗栱，三椽栿直接插入后檐墙内。柱头斗栱为四铺作单杪，华栱栱身均刻单瓣假华头子，做琴面昂状，昂嘴薄。令栱上散斗和替木均抹斜，足材蚂蚱头。扶壁栱为泥道单栱承柱头枋，枋上隐刻泥道慢栱。补间铺作隐刻翼形栱，上置散斗隔承。

献殿位于大殿前的月台之上，紧邻大殿，明崇祯十六年（1643）重建。面阔三间，进深三椽，悬山卷棚屋顶。用方形抹角石柱，柱身雕花并刻施主姓名。前后檐斗栱对称，每间施平身科一攒。柱头科五踩双昂，栱面雕花，蚂蚱头雕龙头；平身科除逐翘出斜栱外，余皆与柱头科同。

中漳伏羲庙布局严谨有序，寺院格局在该地区具有一定的代表性。其梁架、斗栱等大木作构件基本为原构，具有较高的历史真实性，丰富了我们对元、明时期建筑的认识，为研究我国古代建筑的艺术和技术提供了宝贵的实物例证。同时，该寺庙的格局和现存碑记也为研究这一地区的民间信仰和古代社会生活提供了珍贵的史料。

中漳伏羲庙全景

中漳伏羲庙大殿、献殿

大中汉三峻庙

位置 长治市长子县常张乡大中汉村

时代 元代、清代

类型 古建筑

2013年，被国务院公布为第七批全国重点文物保护单位。

据大中汉三峻庙内题记可知，该庙创建于元至元二十八年（1291），明代至清代均有重修。该庙坐北朝南，一进院落布局，占地面积 814.7 平方米。中轴线上有戏楼、正殿，东、西两侧有耳殿、廊房、妆楼。现存正殿为元代遗构，其余为清代建筑。

正殿建于砖石台基之上，面阔三间，进深六椽，单檐硬山顶，琉璃脊饰。梁架形制为四椽栿对前乳栿通檐用三柱，乳栿衬于四椽栿之下，以十六瓣圆栌斗承令栱、蝉肚形楮头托之。前檐柱头铺作栱身卷杀平直，五铺作双杪，栱身均作琴面昂状。当心间两朵柱头铺作施用 45° 斜栱，不施补间铺作。内檐斗栱及梁架节点斗栱栱身卷杀圆滑，与前檐斗栱迥异。

大中汉三峻庙布局严谨有序，寺庙格局在该地区具有一定的代表性。大殿为元代木构建筑遗存，其梁架、内檐斗栱等主要大木作构件基本为原构，具有较高的历史真实性。其木构形制具有晋东南地区元代早期建筑的特征。经后代维修更换的前檐斗栱及屋顶形式，与原构形制的异同反映了古人在建筑修缮中对工艺传统的革新与继承。不同时期的构造特征集结于同一建筑，使建筑承载了更为丰富的历史信息，使其历史价值和学术价值更高。

大中汉三嵕庙正殿

大中汉三嵕庙戏楼

长子古城址及墓地

位置：长治市长子县县城及城西南3千米丹朱镇孟家庄村

时代：战国

类型：古文化遗址、古墓葬

1986年，被山西省人民政府公布为第二批省级文物保护单位。

长子古城址，俗称“古城圪堆”，为战国时期遗存，平面呈长方形，现存西城墙与南城墙残段。

西城墙位于变电站北侧，南北残长25米，东西残宽1.5米，残高3米，夯层明显，厚0.1米。

变电站南侧即“古城圪堆”，为圆形土堆，高5米，周长25米。古城圪堆东侧为南城墙，东西残长50米，南北残宽5米，残高3米，夯土层明显，厚0.12米。古城圪堆东侧为南门，高8米，宽4米，内有文化层堆积，采集有泥质灰陶绳纹残片，器物种类有壶、罐等。

城址对应的墓地分布于雍河、岗水河支流南岸，孟家庄北面的一块东西较广阔且较周围地区高出3—4米的台地上，分布面积约15万平方米。1983—1993年期间，有过3次发掘，共发掘战国墓36座，均为中小型竖穴土坑墓，葬具一棺一椁，出土陶器有鼎、豆、壶等，铜器有剑、带钩、镞等。

该城址及墓地时代明确一致，相互关系清晰，为研究战国时期相关城址及墓地提供了参考案例。

长子古城址及墓地墓地发掘现场

长子古城址及墓地古城址夯土

长子古城址及墓地古城址遗迹

西旺墓群

位置　长治市长子县南漳镇西旺村北

时代　周代

类型　古墓葬

1965年，被山西省人民委员会公布为第一批省级文物保护单位。

西旺墓群地势北高南低，东西长约400米，南北宽约250米，占地面积约10万平方米。

1955年文物普查时，在断崖上发现4座长方形土坑墓。1958年，发掘土坑竖穴墓5座，出土鼎、鬲、簋等30余件器物。

西旺墓群的发现丰富了晋东南地区商周时期的文化内涵，反映了当时的丧葬制度、宗族结构和社会等级等方面的信息，为解读商周社会历史提供了重要的线索和视角。

西旺墓群出土的青铜簋

西旺墓群出土的青铜鼎

西上坊成汤王庙

位置：长治市长子县丹朱镇西上坊村

时代：金代至元代

类型：古建筑

2021年，被山西省人民政府公布为第六批省级文物保护单位。

据大殿台基保存唐代经幢铭记，西上坊成汤王庙的创建时代不晚于唐天宝十年（751）。据现存金石碑刻、题铭和各版《长子县志》载，金皇统元年（1141）重建寺庙，置门楼、献殿、大殿、后殿、东西挟屋、东西廊屋等，规模宏大。金正隆、元至正、明嘉靖、清乾隆年间屡有修葺。该庙坐北朝南，现仅存大殿一座，大殿明间前檐东石柱上有“皇统元年□□村和宝□柱一条记”。

大殿建于高1.3米的台基之上，面阔五间，进深八椽，单檐歇山顶，青灰筒板瓦屋面，殿顶饰琉璃吻兽，六椽栿前压乳栿用三柱。前檐柱头施五铺作双昂计心造、里转单杪偷心造，无补间铺作。后檐柱头施五铺作单杪单下昂计心造、里转双杪偷心上昂造。

庙内保存《潞州长子县重修圣王庙记》《创修神阁记》《补修大殿重修戏楼碑》碑3通、陀罗尼经幢1座。

西上坊成汤王庙大殿是研究晋东南地区早期建筑构造演变的实物例证，是历史上这一区域与人民生活、信仰相关的文化载体，蕴藏着丰富的历史文化内涵和价值。自古农耕时代人民祈盼风调雨顺、五谷丰登，商汤因“救旱之德”成为中华民族早期至尊的雨神形象。

西上坊成汤王庙大殿正立面

西上坊成汤王庙大殿当心间东柱题记

王郭三嵕庙

位置　长治市长子县宋村镇王郭村

时代　金代、清代

类型　古建筑

2021年，被山西省人民政府公布为第六批省级文物保护单位。

王郭三嵕庙创建及历代维修年代不详。该庙坐北朝南，一进院落布局，占地面积1274.1平方米。中轴线上由南向北依次建有戏台、献殿、正殿，两侧有东、西掖门，东、西耳房，东、西厢房。据形制判断，正殿为金代遗构，其余建筑为清代遗构。

戏台面阔三间，进深四椽，单檐硬山顶，五架梁通檐用两柱。

献殿面阔三间，进深两间，单檐卷棚硬山顶，四架梁通檐用三柱。

正殿为砖石台基，面阔三间，进深六椽，前廊式结构，单檐歇山顶，四椽栿前压乳栿用三柱，檐下柱头施四铺作单昂斗栱，无补间铺作。

东、西耳房面阔两间，进深四椽，单檐硬山顶，五架梁通檐用两柱。

东、西厢房面阔九间，进深四椽，前廊式单檐硬山顶，五架梁通檐用三柱。

庙内保存清同治三年（1864）《重修广台山碑记》、清光绪年间《重修广台山碑记》碑2通。

王郭三嵕庙庙院布局合理、保存完整，其保留至今的金代正殿遗构为研究古代建筑提供了重要的实物资料。

王郭三嵕庙鸟瞰

王郭三嵕庙正殿背立面

王郭三嵕庙献殿正立面

团城唐王圣帝庙

位置　长治市长子县南陈镇团城村

时代　元代、清代

类型　古建筑

2016年，被山西省人民政府公布为第五批省级文物保护单位。

团城唐王圣帝庙创建年代不详，清康熙二十六年（1687）、乾隆二十八年（1763）、嘉庆十九年（1814）、道光二十七年（1847）均有重修。庙院坐北朝南，一进院落布局，占地面积627平方米。中轴线上现存正殿，两侧有东、西耳殿和东、西厢房。现存正殿为元代遗构，其余为清代建筑。

正殿建于高0.3米的砖石台基之上，面阔三间，进深六椽，单檐悬山顶，四椽栿对前乳栿通檐用三柱，次间柱头铺作为五铺作双昂，明间柱头铺作出45°斜栱。

庙内现存碑5通、碣1方、经幢1座。

团城唐王圣帝庙现仍保存着民间祭祀唐王的传统，这对研究晋东南地区从元代至清代祠庙格局和民间流传的唐王信仰等，都具有重要的史料价值。

团城唐王圣帝庙鸟瞰

团城唐王圣帝庙正殿正立面

岳阳广化寺

位置 长治市长子县石哲镇岳阳村

时代 元代至清代

类型 古建筑

2021年，被山西省人民政府公布为第六批省级文物保护单位。

据县志载，岳阳广化寺创建于宋治平元年（1064），明、清历代均有重修。该寺坐北朝南，二进院落布局，占地面积2176.2平方米。现存过殿、大雄宝殿为元代遗构，西耳殿为清代所修。

过殿面阔三间，进深六椽，单檐悬山顶，筒板布瓦屋面，琉璃脊饰。四椽栿后压乳栿用三柱，檐下柱头施四铺作单昂。

大雄宝殿建于高台基上，台基南面中央和东、西两端设踏道。大雄宝殿面阔五间，进深六椽，单檐悬山顶，筒板布瓦屋面，琉璃脊饰。四椽栿后压乳栿用三柱，前檐柱头施五铺作重栱出双昂计心造，后檐柱头施四铺作单杪。室内东、西两壁有壁画，内容为水陆道场，疑为明代作品。

西耳殿面阔四间，进深四椽，单檐悬山顶，青灰筒板瓦屋面。

寺内现存宋代石柱础1对、唐代碑座1个。

岳阳广化寺现存文物建筑体现出元、明、清等不同时代的典型传统建筑特征，反映出该寺的发展变迁，也是我国木结构建筑发展变迁的典型实例之一。大雄宝殿两山墙上分布有水陆道场壁画，从残留部分可见上下共五层，这些壁画内容丰富，人物众多，且形态各异。据每幅画右上角墨书榜题可知，分别为儒、释、道三教的各方神圣，是三教相互融合、互相渗透的产物。岳阳广化寺为研究晋东南地区信仰文化提供了重要的实物资料。

岳阳广化寺过殿正立面

岳阳广化寺大雄宝殿正立面

岳阳广化寺西耳殿正立面

北庄唐太宗神庙

位置 长治市长子县丹朱镇北庄村

时代 元代、清代

类型 古建筑

2021年，被山西省人民政府公布为第六批省级文物保护单位。

北庄唐太宗神庙创建年代不详。据现存碑刻可知，清道光八年（1828）创修东、西角殿。庙宇坐北朝南，一进院落布局，中轴线上由南向北依次为戏台（下为庙院大门）、正殿，两侧为东、西妆楼，东、西厢房，东、西耳殿，西厢房与东妆楼坍塌，仅存基址。

戏台面阔三间，进深四椽，单檐硬山顶，梁架结构为五架梁通达前后。

正殿为元代建筑，面阔三间，进深六椽，单檐悬山顶，青灰筒板瓦屋面，梁架结构为六架椽屋，四椽栿对前乳栿用三柱，乳栿衬于四椽栿下。前檐柱头铺作为四铺作单昂，昂身作琴面状，下刻双瓣华头子。

西妆楼面阔三间，进深四椽，建筑面积24平方米，单檐硬山顶，梁架结构为五架梁通达前后。

东、西耳殿面阔三间，进深四椽，单檐硬山顶，梁架结构为四架梁前出单步梁。

东厢房面阔五间，进深四椽，单檐硬山顶，梁架结构为五架梁通达前后。

北庄唐太宗神庙对研究晋东南地区信仰文化提供了重要的实物资料。正殿保留的元代建筑的做法，为研究晋东南地区建筑工艺的传承与发展提供了范例。

北庄唐太宗神庙鸟瞰

两水护国灵贶王庙

位置 长治市长子县大堡头镇两水村

时代 元代、清代

类型 古建筑

2021年，被山西省人民政府公布为第六批省级文物保护单位。

两水护国灵贶王庙创建年代不详。据庙内碑记载，明天启二年（1622）重修，1935年补修。该庙坐北朝南，现存二进院落。中轴线上依次分布戏台（下为庙门）、过殿、正殿；两侧为东、西妆楼，东、西夹楼，东、西配殿，东、西廊房，东、西耳殿。现存正殿为元代遗构，其余皆为清代遗构。

戏台（下为庙门）面阔三间，进深四椽，两层单檐悬山布瓦顶，明间梁架结构为五架梁通檐用两柱。

过殿面阔三间，进深四椽，单檐悬山布瓦顶，明间梁架结构为五架梁通檐用两柱，柱头科和平身科各施一攒一斗二升斗栱。

正殿面阔三间，进深六椽，单檐悬山顶，当心间梁架结构为前乳栿对四椽栿通檐用三柱，青灰布瓦屋面，前檐柱头铺作为四铺作单昂。

东、西耳殿面阔三间，进深四椽，单檐硬山布瓦顶。

东、西廊房面阔三间，进深四椽，单檐硬山布瓦顶。

东、西配殿面阔五间，进深四椽，单檐硬山布瓦顶。

东、西夹楼位于过殿两侧，上下两层，面阔三间，进深四椽，单檐硬山布瓦顶。

东、西妆楼在戏台东、西两侧，上下两层，面阔二间，进

两水护国灵贶王庙戏台（下为庙门）正立面

两水护国灵贶王庙正殿正立面

深四椽，屋面单檐硬山布瓦顶。

两水护国灵贶王庙现存正殿为元代遗构，结构简洁，建筑古朴壮观，是研究元代木构建筑的重要实例之一，对考证护国灵贶王庙以及周边建筑的历史发展脉络有重要的作用，具有较高的历史价值。

两水护国灵贶王庙正殿梁架上绘有卷草等纹饰彩画，笔法流畅飘逸，线条刚劲挺拔；东次间走马板及山墙山花处有壁画，绘有人物、飞鸟、青松、卷草、花卉等图案，采用水墨画风的艺术手法，图案栩栩如生，风格清淡雅致，线条流畅，笔力劲健，技艺高超；梁架结构是典型的元早期做法，比例协调、造型优美，具有较高的艺术价值。

两水护国灵贶王庙鸟瞰

崇瓦张三嵕庙

位置 长治市长子县慈林镇崇瓦张村

时代 元代、清代

类型 古建筑

2021 年，被山西省人民政府公布为第六批省级文物保护单位。

崇瓦张三嵕庙创建年代不详。据庙内碑碣记载，崇瓦张三嵕庙于清康熙四十八年（1709）、咸丰九年（1859）、光绪二十四年（1898）均有修葺。庙宇坐北朝南，一进院落布局，总计建筑 8 座，院落南北总长 44.93 米，东西总宽 20.6 米，占地面积 925.56 平方米。庙南居中为大门一间，大门两侧为东、西配楼各三间；中轴线上最北端为正殿，正殿两侧各列耳殿三间；院内东西方向对称建造东、西廊房各五间。现存正殿为元代建筑，其余建筑为清代遗构。

正殿坐北朝南，建在高 1.18 米的石砌台基上，面阔三间，进深六椽，梁架为前乳栿对后四椽栿通檐用三柱，前出廊式单檐悬山顶，斗栱为五铺作重栱出双昂计心造，里转四铺作单杪偷心造。

大门坐北朝南，面阔一间，进深两椽，单檐悬山顶。

东、西耳殿位于正殿的东、西两侧，对称而建，东、西耳殿皆为前出廊式单檐硬山顶，面阔三间，进深四椽，五架梁通达前后。

东、西配楼位于大门东、西两侧，砖木结构，是一座四面砌墙承重，室内以楼板间隔为上、下两层的三开间单檐硬山顶建筑，面阔三间，进深四椽。

东、西廊房为单檐硬山顶，前一间为敞廊，面阔五间，进深

四椽，五架梁通达前后。

崇瓦张三嵕庙是历史上这一区域与人民生活、信仰相关的文化载体，庙宇的选址布局特别是正殿的建筑构成、形制和构件造型及组合方式，皆反映了这一地区元代早期的建筑成就，具有极高的文物研究价值。

崇瓦张三嵕庙正殿前后檐柱皆设有侧脚，铺作材宽、材高、出跳的合理构成，从力学上可看成是一个极具稳定性的梯形构架。三嵕庙各柱采用规格较大的石质柱子，就地取材，既经济又坚固耐用，更无火患之忧。

崇瓦张三嵕庙各柱皆用黄砂岩制成，且收分显著，柱之露明的角柱斫成舒阔的内幽式及混棱角线，石柱立面做出各种立体的吉祥图案，具有较强的艺术观感。正殿屋顶上的琉璃行龙脊兽，体现了作为该庙主殿的气势。东、西耳殿及大门上由栱子、垂莲柱、花板等构成的别致雀替具有较高的艺术价值。

崇瓦张三嵕庙鸟瞰

崇瓦张三嵕庙正殿正立面

柳树紫薇庙

位置 长治市长子县大堡头镇柳树村

时代 元代、清代

类型 古建筑

2021年，被山西省人民政府公布为第六批省级文物保护单位。

柳树紫薇庙创建年代不详。据庙内清康熙二十二年（1683）《创修紫薇庙乐舞楼记》、康熙二十七年（1688）《重修紫薇庙碑记》记载，柳树紫薇庙于明弘治十三年（1500）、万历三十四年（1606），清康熙年间均有重修。该庙坐北朝南，一进院落布局，院落南北总长39.7米，东西总宽24米，占地面积952.8平方米。中轴线上最北端为正殿，正殿两侧各列耳殿三间，院内东西方向对称建造东、西禅房各三间，东、西廊房各三间。原有的山门、戏台全部塌毁，现存建筑7座，正殿为元代遗构，其余为清代遗构。

正殿位于庙院中轴线上最北端，面阔三间，进深六椽，前出廊式单檐悬山顶。梁架为前乳栿对后四椽栿通檐用三柱。斗栱为五铺作重栱出双昂计心造，里转双杪偷心造。

东、西耳殿位于正殿的两侧，均为面阔三间、进深四椽，五架梁通达前后，前出廊式单檐硬山顶。

东、西廊房均是四面砌墙承重，室内以楼板间隔为上、下两层的三开间单檐硬山顶建筑，面阔三间，进深四椽。

庙内保存《创修紫薇庙乐舞楼记》《重修紫薇庙碑记》2通碑刻。

柳树紫薇庙包含的文化底蕴深厚，虽然该庙院的原有布局已被破坏，但庙宇的选址布局特别是正殿的建筑构成、形制和

柳树紫薇庙鸟瞰

柳树紫薇庙正殿正立面

构件造型及组合方式，皆反映了元代这一地区的建筑成就，具有极高的文物研究价值。

正殿前后檐柱皆设有侧脚，铺作材宽、材高、出跳的合理构成，从力学上可看成是一个极具稳定性的梯形构架。梁架中四椽栿与乳栿搭交点由前檐金柱通过柱头铺作支撑，乳栿梁后尾制成大楷头承于四椽栿底部，有效地缩短了四椽栿的净跨，进一步提高了梁架的安全性和稳定性，充分体现了建造者在间架构成方面的科学设计。

庙内正殿为元代遗构。由于历史上屡次维修，其建筑式样较原制略有改变，但整体风貌仍保持了元代建筑应有的特征。在建筑艺术方面，正殿前檐明间柱头的米字形铺作及东、西廊房装修中的垂莲柱、月梁式额枋均是该庙艺术价值的体现。

青仁二仙庙

长治市长子县大堡头镇青仁村

元代、清代

古建筑

2021年，被山西省人民政府公布为第六批省级文物保护单位。

据庙内现存碑记载，青仁二仙庙创建于金大定中期，明万历二十年（1592）、清道光十二年（1832）均有重修。青仁二仙庙坐北朝南，现存一进院落，占地面积994.3平方米。中轴线上有正殿、戏台（下层为山门，上层为戏台）；两侧分别有东、西耳殿，东、西配殿，东、西耳楼。现存正殿为元代遗构，其余建筑为清代遗构。

正殿平面呈方形，面阔三间，进深六椽，前廊式单檐悬山顶，筒板布瓦屋面，梁架结构为前乳栿对四椽栿通檐用三柱。前檐柱头铺作为四铺作单昂，后檐柱头铺作为四铺作单杪。

戏台为倒座式建筑，位于中轴线前端，分上下两层，下层中置大门，上层是戏台，中间用楼板分隔，面阔三间，进深四椽，单檐硬山顶，干槎瓦屋面，梁架五架梁通达前后，檐下施三踩单翘斗栱。

东、西耳楼在戏台东、西两侧，分上下两层，梁架结构为五架梁通达前后，面阔两间，进深四椽，屋面单檐硬山干槎瓦顶。

东、西耳殿，面阔三间，进深四椽，屋面单檐硬山干槎瓦顶。

东、西配殿，面阔五间，进深四椽，屋面单檐硬山干槎瓦顶。

庙内存明万历二十年（1592）、清道光十二年（1832）重修碑及功德碑3通。

青仁二仙庙现存正殿平面呈方形，虽为元代遗构，但也带有宋、金时期的建筑风格，是研究古代木构建筑的重要实例之一，寺内石碑记载了金至清各代对寺庙的修建原因、修缮过程、修建筹款情况等内容，对考证青仁二仙庙以及周边村庄的历史发展有重要的参考意义。

青仁二仙庙大殿及戏台梁架上绘有彩画，在四椽栿脊部位置两头绘有五彩琐文，中间绘有金色飞龙，四椽栿在内槽处绘有狮子，内槽的栱眼壁板上有人物故事彩画，绘画精美，工艺考究，为同时期的艺术精品，对研究古代彩绘提供了依据。

青仁二仙庙鸟瞰

青仁二仙庙正殿正立面

青仁二仙庙戏台正立面

大南石千佛寺

位置：长治市长子县南陈镇南石村

时代：元代、清代

类型：古建筑

2021年，被山西省人民政府公布为第六批省级文物保护单位。

大南石千佛寺创建年代不详。该寺坐北朝南，二进院落，院落南北总长30.25米，东西总宽22.58米，占地面积683.05平方米。庙南居中为新建大门一间，两侧接围墙。大门北侧为天王殿，两侧为东、西耳殿。千佛殿位于中轴线上最北端，在千佛殿西侧设耳殿两间，东侧为坐西朝东的关帝殿三间；关帝殿东侧设悬山顶大门一间。院内东西方向对称建造东、西厢房各三间。现存千佛殿为元代遗构，天王殿为清代建筑，余为新建。

千佛殿面阔三间，进深四椽，单檐悬山顶筒板瓦屋面，琉璃脊饰。梁架为三椽栿后对乳栿通檐用三柱，前檐柱头为四铺作重栱单下昂计心造，里转四铺作单杪偷心造，后檐柱头设把头绞项作。

天王殿位于大南石千佛寺院落中部，为寺院过殿，面阔三间，进深四椽，单檐悬山顶。

关帝殿为单檐悬山顶，前一间为敞廊，面阔三间，进深三椽，灰陶筒板瓦顶。

西耳殿位于千佛殿的西侧，与之并列而建，面阔两间，进深四椽，单檐硬山顶建筑，五架梁通达前后。

东门位于关帝殿东侧，面阔一间，进深两椽，单檐悬山顶建筑。

大南石千佛寺的选址布局，建筑构成、形制和构件造型及组合方式，反映了元至清时期这一地区的建筑特点，具有一定的文物研究价值。

大南石千佛寺千佛殿、天王殿屋顶上的琉璃行龙脊兽，体现了作为该寺主要建筑的气势，同时也突显了很高的艺术性。特别是千佛殿内保存的北魏石雕碑座，更是具有重要研究价值的艺术珍品。关帝殿现存壁画和各建筑梁架彩绘等同样具有较高的艺术价值。

大南石千佛寺千佛殿正立面

大南石千佛寺天王殿正立面

善村龙王庙

长子县

位置 长治市长子县南陈镇善村

时代 元代、清代

类型 古建筑

2021年，被山西省人民政府公布为第六批省级文物保护单位。

善村龙王庙创建年代不详。该庙坐西朝东，占地面积160.22平方米。现存正殿为元代遗构，戏台为清代遗构。

正殿建于砖砌台基之上，面阔三间，进深六椽，单檐悬山顶，四椽栿对前乳栿通檐用三柱，檐柱为石质。前后檐柱头为四铺作单昂，出45°斜栱。明间施板门，两次间施直棂窗。殿内墙上存约4平方米的壁画。

戏台建于砖石台基之上，面阔三间，进深四椽，单檐悬山顶，五檩构架，前檐柱头一斗二升，明、次间各设平身科一攒。

庙内现存清顺治四年（1647）重修碑1通。

自古以来，对农耕危害最大的是自然灾害，人民祈盼风调雨顺、五谷丰登。在自然灾害面前，认识自然水平较低的古代老百姓认为龙王掌管兴云降雨、消灾降福之事，因此，龙王成为百姓信仰之神。

善村龙王庙在空间形态、造型、装饰和形式美等方面既体现了元代、清代的建筑艺术水平，又体现了相应历史时期晋东南木构建筑地方做法的艺术水平，具有较高的历史、艺术、科学价值。

善村龙王庙正殿梁架

善村龙王庙正殿

壁村三峻庙

位置：长治市长子县常张乡壁村

时代：元代、清代

类型：古建筑

2021年，被山西省人民政府公布为第六批省级文物保护单位。

壁村三峻庙始建年代不详。现存建筑整体布局为坐北朝南，一进院落。中轴线上由南向北依次为山门、正殿，西侧依次建有西厢房、西耳殿。现存正殿为元代建筑，西耳殿为清代建筑，山门木构建筑已毁，只剩门洞的石台基，东耳殿、东西厢房仅存基址。

正殿位于中轴线上最北端，是整座建筑群的核心建筑，也是确定壁村三峻庙保护级别的标志性建筑。其面阔三间，进深六椽，单檐悬山筒板布瓦顶，当心间梁架结构为四椽栿对前乳栿通檐用三柱，次间梁架为平梁对前后乳栿通檐用四柱。前檐柱头铺作为五铺作重栱出双昂计心造，外转出45°斜栱两层，后檐柱头铺作为四铺作单昂，里转四铺作单杪。

西耳殿位于正殿西侧，面阔三间，进深四椽，单檐硬山板瓦屋面。

庙内存《重修关□庙并戏楼序》等清代碑刻2通。

壁村三峻庙正殿梁架上有彩画，绘有卷草等纹饰，笔法流畅飘逸，线条刚劲挺拔，轮廓明晰典雅；山墙上有壁画，绘有飞龙、猛虎、卷草、花卉等图案，单线平涂，略加渲染，采用水墨画风的艺术手法，图案栩栩如生，风格清淡雅致，线条流畅，笔力劲健，技艺高超；梁架结构是典型的元代早期做法，比例协调、造型优美，具有较高的艺术价值。

壁村三嵕庙鸟瞰

壁村三嵕庙正殿、西耳殿立面

壁村三嵕庙的建筑结构、建筑材料和建造工艺反映了元代该地区的建筑技术水平。其正殿梁架结构合理、连接严密、风格独特，四椽栿对前乳栿通檐用三柱是元代早期建筑形式，建筑力学结构应用合理，在铺作、梁架结构、柱网布局等方面具有地方做法的独特性，设计精巧，具有较高的科学研究价值。

南鲍汤王庙

 位置：长治市长子县丹朱镇南鲍村

  时代：元代、清代、民国

 类型：古建筑

2021年，被山西省人民政府公布为第六批省级文物保护单位。

据宋大观三年（1109）《大宋故汤王庙之碑》记载，南鲍汤王庙建于宋大观年间，清道光十八年（1838）重修。该庙坐北朝南，一进院布局，占地面积约1010.9平方米。沿中轴线依次布置倒座戏台、献殿（位于正殿月台上、与正殿接檐）、正殿。正殿两侧设东、西耳殿，殿前东、西两侧为连排厢房。现存正殿为元代遗构，献殿、戏台为清代遗构，其余皆为民国建筑。

正殿位于中轴线上最北端，面阔三间，进深六椽，单檐悬山顶，筒板布瓦屋面，当心间梁架结构为四椽栿对前乳栿通檐用三柱 。前檐柱头铺作为四铺作单昂，后檐柱头铺作为四铺作单杪。

献殿紧邻正殿，面阔三间，进深三椽，单檐卷棚硬山顶，干槎瓦屋面，梁架为四架梁通达前后用两柱。

戏台面阔三间，进深四椽，单檐硬山顶，通檐五架梁。

东、西耳殿位于正殿两侧，面阔三间，进深四椽，单檐悬山顶，干槎瓦屋面，梁架为五架梁通达前后用两柱。

东、西厢房均为上下两层，面阔五间，进深五椽，前廊施单步梁，殿内为五架梁通达前后。

庙内存宋代石碑1通、清代石碑2通和清代石碣1方。

南鲍汤王庙布局严谨有序，寺院格局在该地区具有一定的代表性。正殿虽为元代建筑，但仍依稀可见宋、金木构风格，具有较高的历史真实性及重要的历史价值，为研究我国古代建筑的艺术和技术提供了宝贵的实物史料。

庙内现存建筑对研究晋东南地区宋代民间祠庙格局和宋代

南鲍汤王庙鸟瞰

南鲍汤王庙献殿正立面

民间祭祀活动具有重要的历史研究价值。

南鲍汤王庙正殿铺作、栱眼壁上有彩画，绘有卷草等纹饰，笔法流畅飘逸，线条刚劲挺拔，轮廓明晰典雅；山墙的壁画图案栩栩如生，风格清淡雅致，线条流畅，笔力劲健，技艺高超；正殿板门门枕石上所置门墩兽造型别致。

南鲍汤王庙的建筑结构、建筑材料和建造工艺反映了该地区不同时期的建筑技术水平。正殿架梁结构合理、连接严密、风格独特，其中乳栿上加置角背，角背头端顶住榇檐槫，尾插入蜀柱，加强了建筑的整体性，反映出地方做法的独特性，设计精巧，具有较高的科学研究价值。

西南呈帝宝阁

位置：长治市长子县南漳镇西南呈村

时代：明代

类型：古建筑

2021年，被山西省人民政府公布为第六批省级文物保护单位。

据碑碣文载，西南呈帝宝阁创建于明万历三年（1575）。该阁坐北朝南，重檐歇山顶，占地面积163.1平方米。现存建筑为明代遗构。

西南呈帝宝阁分两层，一层为长方形青砖砌筑阁基，中设拱券过洞，券额南刻“灵台宝阁”，北凿“远镇北方”，基檐下四周施砖雕斗栱，三踩单翘；二层为重檐歇山顶阁楼，阁内四周成回廊，阁主体置于中央，面阔三间，进深四椽，五檩架构。二层檐下柱头斗栱五踩双下昂，四面栱眼上墨书：“南眺慈林”“威镇北方”“西依白云”“东临漳水”。

阁南墙东嵌“大明万历三年二月十九日建立”创修碣1方。

西南呈帝宝阁楼体结构独特，造型优美，体现了我国劳动人民的聪明才智。其主体构造科学合理，节点与主体构架结构严谨，是研究中国楼阁式建筑的重要实物资料。同时，西南呈帝宝阁反映了当时老百姓对美好生活的追求，是研究我国民俗文化的实物资料。

西南呈帝宝阁鸟瞰

西南呈帝宝阁立面

色头炎帝庙

长子县

位置　长治市长子县色头镇色头村

时代　清代

类型　古建筑

2021年，被山西省人民政府公布为第六批省级文物保护单位。

色头炎帝庙始建年代不详。整体院落坐北朝南，庙内建筑分布在东西两条轴线上，西轴线上现存一进院落，由南向北依次为戏楼、献亭、正殿，两侧建有东、西妆楼和东、西厢房，正殿的东北角有马王殿。东轴线上也为一进院落，由南向北依次为南房、正房，两侧建有东、西厢房，现已塌毁。现存为清代遗构。

戏楼位于西轴线的最南端，面阔三间，进深六椽，七架梁通檐用三柱，三踩单昂。二层楼阁式，筒板布瓦前歇山后悬山顶，为倒座戏楼。

献亭位于西轴线北端的正殿前，面阔三间，进深五椽，六架梁通檐用两柱，前檐为五踩象鼻昂单翘，后檐为五踩双翘斗栱，筒板琉璃瓦卷棚歇山顶。斗栱上有彩绘，图案各异。

正殿位于西轴线最北端，面阔五间，进深六椽，七架梁通檐用两柱，筒板布瓦单檐悬山顶，琉璃剪边。

东、西妆楼位于院落的东、西两侧，面阔三间，进深四椽，五架梁通檐用两柱。两层楼阁式，筒板布瓦单檐硬山顶。

东、西厢房位于院落的东、西两侧，面阔五间，进深四椽，五架梁通檐用两柱，干槎瓦单檐硬山顶。

马王殿位于正殿的东北角，面阔三间，进深五椽，前单步梁对后五架梁通檐用两柱，为前廊式，筒板布瓦单檐硬山顶。

色头炎帝庙鸟瞰

色头炎帝庙正殿正立面

色头炎帝庙戏楼正立面

前檐柱头科三踩象鼻昂，平身科三踩龙尾昂，斗栱上有彩绘，图案各异。

东跨院正房位于东轴线上最北端，面阔五间，进深四椽，五架梁通檐用两柱，干槎瓦单檐硬山顶。

东跨院南房位于东轴线上最南端，面阔七间，进深四椽，五架梁通檐用两柱，两层楼阁式，干槎瓦单檐硬山顶。

色头炎帝庙布局完整，是研究清代木构建筑的重要实例之一，是反映这一区域与人民生活、信仰相关的文化载体。庙宇的选址布局特别是正殿的建筑构成、形制和构件造型及组合方式，皆反映了清代这一地区的建筑风格，具有较高的历史价值。

色头炎帝庙内各建筑的石雕、砖雕、木雕、绘画和琉璃，选材考究、比例匀称、题材广泛、技法多样、工艺精良、精致美观，真实地反映了清代的雕刻、绘画艺术成就和水平。尤其戏楼和献亭，在大额枋和雀替上镂空雕刻各种吉祥图案，有二龙戏珠、麒麟、喜鹊、仙鹤、凤、八仙、寿星、四季平安、喜上眉梢等，手法精致，具有极高的艺术价值。

武乡县大云寺

位置 长治市武乡县故城镇故城村

时代 宋代至清代

类型 古建筑

2001年，被国务院公布为第五批全国重点文物保护单位。

武乡县大云寺创建年代不详。据寺内石碣记载，该寺旧名“岩净寺”，宋治平元年（1064）改名为“大云寺”。金大定年间重修大雄宝殿，元、明、清各代均有修葺。该寺坐北朝南，一进院落布局，占地面积7900平方米。中轴线上由南向北依次为观音殿（南殿）、大雄宝殿（正殿），两侧有东、西配殿和东、西角殿。现存主体建筑大雄宝殿为宋代遗构，其余皆为明、清建筑。

大雄宝殿为寺内正殿，又称“三佛殿”，面阔五间，进深八椽，单檐悬山顶。梁架结构为四椽栿对前后乳栿，殿内采用减柱造，加大了使用空间。前檐柱头斗栱为五铺作单杪单下昂，重栱计心造，无补间铺作。前檐明间、两次间均设板门。

观音殿，又称“南殿”，面阔五间，进深三间，单檐悬山顶。梁架为前后单步梁通檐用四柱。

东、西角殿位于正殿两侧，东为伽蓝殿，西为祖师殿。面阔一间，进深五椽，单檐悬山顶。

东、西配殿位于院内中轴线两侧，面阔五间，进深五椽，单檐悬山顶，梁架为四架梁对前檐单步梁通檐用三柱。

正殿和南殿共保存有壁画200余平方米。

寺内存石碣4方、石碑5通。

武乡县大云寺殿宇轩昂、设计精巧，保存有宋代至清代的文物建筑，大雄宝殿是晋东南宋代佛教建筑的典型代表，为研究中国古代建筑发展提供了重要实例。

武乡县大云寺全景

武乡县大云寺大雄宝殿正立面

武乡县大云寺大雄宝殿柱头铺作

洪济院

位置 长治市武乡县故城镇东良村

时代 金代至清代

类型 古建筑

2001年，被国务院公布为第五批全国重点文物保护单位。

洪济院创建年代不详，元、明、清历代屡有修葺。洪济院坐北朝南，二进院落布局，占地面积1036平方米。现中轴线上仅存戏台、南殿、正殿，两侧建筑为后期所建。现存正殿为金代遗构，南殿为清代建筑。正殿西侧有千佛塔一座。

正殿建于石砌台基之上，面阔五间，进深六椽，单檐悬山顶。梁架结构为四椽栿对前后劄牵，柱头斗栱为五铺作单杪单下昂，无补间铺作。殿内梁架彻上露明造，用材规整，梁枋断面之比基本符合《营造法式》，金代建筑特点明显。明间设有板门，两次间、两梢间设有直棂窗。

南殿面阔三间，进深六椽，单檐悬山顶，元皇庆二年（1313）曾进行维修并绘壁画。洪济院正殿和南殿存壁画约120平方米，内容为佛教故事、十八罗汉群像图等，壁画人物形象生动、栩栩如生。

洪济院建筑布局疏朗，建造工艺考究，壁画精美，反映了金代至清代时期我国古建筑构架与布局的特点及上党地区的地方风格与手法，是不可多得的古建佳作，有着较高的历史、科学、艺术价值。

洪济院全景

洪济院正殿

洪济院南殿壁画

会仙观

位置　长治市武乡县监漳镇监漳村

时代　金代至清代

类型　古建筑

2001年，被国务院公布为第五批全国重点文物保护单位。

据会仙观内碑刻记载，该观在元至元三年（1266）已存，明正德七年至嘉靖七年（1512—1528）重修，清代亦有修葺。会仙观坐北朝南，三进院落布局，占地面积2263平方米。中轴线上依次为戏台、关公殿、玉皇殿、三清殿；两侧为钟、鼓楼，厢房，廊庑，耳殿。现存三清殿为金代遗构，玉皇殿为元代建筑，其余为明、清建筑。

三清殿面阔五间，进深六椽，单檐歇山顶。柱头斗栱为五铺作单杪单昂，无补间铺作。梁架结构为四椽栿对前乳栿通檐用三柱，梁架斗栱上绘有古钱纹、云纹等各种彩绘图案，与宋《营造法式》中彩画纹样极为相似。

玉皇殿面阔三间，进深四椽，单檐歇山顶。四角立柱外露，檐下正面施阑额与普拍枋。室内梁栿平直，梁架为四椽栿通达前后檐。檐下斗栱只有柱头铺作和转角铺作，柱头为五铺作双下昂出斜栱，无补间铺作。

观内存宋代八角经幢1座、元代碑1通、明嘉靖七年（1528）重修碑1通。

会仙观整体保存完整，规划形制严谨，保留有金代至清代不同时期的建筑特征，反映了上党地区民间道教建筑特点，为研究晋东南地区古代建筑的工艺手法提供了重要资料。

会仙观三清殿

会仙观玉皇殿转角铺作

会仙观全景

武乡真如寺

位置　长治市武乡县韩北镇土河村

时代　元代至清代

类型　古建筑

2013年，被国务院公布为第七批全国重点文物保护单位。

武乡真如寺，原名“真如院”，清代改为“真如寺”。据有关文献记载，元至治三年（1323）、至顺四年（1333）在宋代祭祀真如场所的基础上扩大建筑规模，增建正殿和南殿，明、清两代均有增补。该寺坐北朝南，现存一进院落，占地面积360平方米。寺院由南向北依次为南殿、正殿，西侧有廊房，东侧仅存廊房基址。现存正殿为元代建筑，南殿为明代建筑，其余则为清代所建。

正殿面阔五间，进深五椽，单檐悬山顶，筒板瓦屋面，琉璃脊饰。前檐柱头施五铺作双下昂斗栱，要头斜杀内凹，令栱抹斜。当心间斗栱斜出要头。不设补间铺作。殿内厅堂造，仅施内柱两根，当心间梁架为四椽栿对劄牵，次间则施五椽栿直通前后檐。

南殿面阔五间，进深六椽，单檐歇山顶，筒板瓦屋面。檐下柱头斗栱为三踩单下昂。明间和次间各施平身科一攒，明间出斜栱，次间形制同柱头科。殿内梁架上彩绘清晰可见。

武乡真如寺正殿简化柱网结构、增大建筑空间的平面布局手法，既扩大了建筑的使用空间，节约了材料，又保证了移柱后梁架的稳定。正殿、南殿建筑材料使用不加精选，构件制作工艺简约，充分地体现了元代建筑之特点，是一处难得的元代、明代建筑群。

正殿保存完好，南殿的屋脊残毁。武乡真如寺正殿基本保持着元代建筑特征，具有较重要的历史价值。

武乡真如寺航拍图

武乡真如寺正殿

武乡真如寺正殿梁架

武乡福源院

位置　长治市武乡县故城镇北良村

时代　元代至清代

类型　古建筑

2019年，被国务院公布为第八批全国重点文物保护单位。

武乡福源院始建年代不详，元代赵城大地震后重建，西配殿琉璃脊刹有元泰定元年（1324）题记，其他建筑为明、清增修。武乡福源院坐北朝南，占地面积约3070平方米。现存建筑有佛殿楼（正楼）、东配殿、西配殿、众神殿及附属文物。

佛殿楼位于中轴线北端，石砌台基高0.85米，殿宇两层，面阔三间，进深四椽，二层单檐歇山顶。一层顶部施有密梁，架设楼板；二层五檩梁架，柱头斗栱为三踩单昂。二层前檐明间设四扇六抹隔扇门，次间设四扇灯笼窗。素面平石盘柱础。

西配殿面阔三间，单檐悬山顶，梁架为四架椽屋用两柱，前檐斗栱为四铺作单昂。

东配殿与西配殿对称而建，建筑整体风貌类似，面阔三间，进深四椽，单檐悬山顶，筒板布瓦屋面，殿内四椽栿贯通前后，屋面举折舒缓，开间大于柱高，铺作比例较大，室内木构架表面均存有彩绘。

武乡福源院内的建筑在斗栱、梁架、柱网、布局等方面具有独特性，真实地反映了从元至清不同时期的建筑设计风格、施工技术水平，具有较高的科学价值。佛殿楼因地制宜，巧妙利用山体构建高台建筑，是古代木构建筑内部空间形式多样化

武乡福源院佛殿楼（正楼）

武乡福源院全景

的重要尝试，梁架结构保留有明显的明早期特征，斗栱用材较大，仍采用真昂造镏金做法，金部、脊部颇具金、元之风，柱头进行卷杀，屋顶举折较缓，是明代早期建筑承袭元代建筑风格的典型特征，但整体梁架又趋于规整，结构严谨，设计精美，又是明清建筑走向模式化的典型特征，具有较高的文物价值。

石勒寨遗址

位置 长治市武乡县丰州镇故县村北原山上

时代 后赵（东晋）

类型 古文化遗址

2016年，被山西省人民政府公布为第五批省级文物保护单位。

石勒寨遗址，又名“石勒寨”“石赵故城”。遗址面积约18970平方米。

石勒寨遗址依地势所建，呈梯田状分布，存城门、城墙以及夯土建筑基址等，其中城门（龙门）开口向南，可见明显的夯土遗迹，夯土多夹杂陶片等其他杂质，夯土层厚7—10厘米；城墙分为多段，多为条石包砌夯土所筑，部分城墙保存完好，最高处距地表约6米，断面砖石结构清晰可见。石勒寨遗址采集有板瓦、筒瓦等大型建筑构件 。石勒寨遗址存有兵寨暗道，盘旋数层于北原山之内，设有绵延数里的迷阵、翻板、机关、隐居、供水系统等，采集有锈箭头、旧砍刀、盔甲片等。

石勒寨遗址夯筑特色明显，文物遗存比较丰富，周边现状保存较好，史载为十六国后赵皇帝石勒屯兵之所，具有重要的文物及历史价值。

石勒寨遗址古城墙

石勒寨遗址鸟瞰

监漳应感庙

位置 长治市武乡县监漳镇监漳村

时代 明代至清代

类型 古建筑

2021 年，被山西省人民政府公布为第六批省级文物保护单位。

监漳应感庙创建于宋元祐七年（1092），根据庙内碑文记载，清嘉庆七年（1802）重修。寺庙坐北朝南，一进院落布局，占地面积 658 平方米。中轴线上由南向北为戏楼、正殿，戏楼两侧为东、西耳楼，院落两侧分布东、西厢房。现存正殿、戏楼为明代遗构，其余皆为清代建筑，东、西厢房为 2007 年在原址复建建筑。

戏楼面阔五间，进深五椽，单檐硬山顶，青灰筒板瓦屋面，五架梁后对单步梁，台基中央设券门作为庙院大门。

正殿建于高 1 米的石砌台基上，面阔五间，进深六椽，单檐悬山顶，青灰筒板瓦屋面。殿内梁架为五架梁对前双步梁用三柱，前檐柱为方形石柱。前檐施斗栱十一攒，柱头科为三踩单昂，插昂造，琴面昂形，平身科为三踩单翘。

庙内存宋代碑 1 通、清代碑 1 通。

监漳应感庙为研究晋东南地区信仰文化提供了重要的实物资料。其保留至今的明、清建筑的做法，为研究晋东南地区建筑工艺的传承与发展提供了范例，反映了当时当地人民群众的工艺水平以及相应的审美情趣及精神追求，具有较高的历史、艺术、科学价值。

监漳应感庙鸟瞰

监漳应感庙戏楼立面

监漳应感庙正殿正立面

武乡玉贞观

位置：长治市武乡县丰州镇城关村

时代：清代

类型：古建筑

2016年，被山西省人民政府公布为第五批省级文物保护单位。

武乡玉贞观创建年代不详，据碑记载（原碑已失），清康熙十六年（1677）重修。武乡玉贞观坐北朝南，一进院落布局，现状二进院为新建，占地面积约960平方米。院内中轴线上现仅存正殿（玉皇殿）和山门，正殿两侧为东、西耳殿，山门两侧为钟、鼓楼。现存正殿（玉皇殿）和山门为清代遗构，其余为新建。

正殿（玉皇殿）面阔三间，进深五椽，单檐悬山顶，筒板瓦屋面，琉璃剪边，五架梁对前单步梁通檐用三柱，后檐柱头科施三踩单翘斗栱。

山门面阔三间，进深四椽，五架梁通达前后用两柱，单檐歇山顶建筑，琉璃瓦屋面。周檐施三踩单翘斗栱。

玉贞观是当地清代建筑风格的代表之一，现存的正殿（玉皇殿）、山门真实记录了清康熙十六年修缮的历史，为进一步研究该区域清代建筑提供了可靠的实物例证。玉贞观正殿（玉皇殿）虽为清代重修，但其梁架结构仍保留较明显的元代风格，具有较高的历史价值。

武乡玉贞观地处县城中心，与武乡千佛塔毗邻，已成为县城一处别具特色的文化景观。玉贞观也是当地民俗民风活动的重要场所，作为历史的见证物，其具有历史、文化方面的特殊意义。

武乡玉贞观鸟瞰

武乡玉贞观山门背立面

北良侯村造像

位置　长治市武乡县故城镇北良村

时代　北齐

类型　石窟寺及石刻

1965年，被山西省人民委员会公布为第一批省级文物保护单位。

北良侯村造像为细砂石质圆雕菩萨，通高3.9米，跣足立于覆盆式莲台之上，台高0.44米，宽0.92米。造像头戴宝冠，颈饰项圈，面相丰满，细颈削肩，身着天衣，佩戴瓔珞，披巾搭胸，细腰束带，下着裙。

造像风格具有北朝特征。被后人重新彩绘。石像雕线棱角分明，刀法洗练，在个体石像中甚为罕见，为我国古代石雕珍品。

北良侯村造像

沁县大云院

位置 长治市沁县郭村镇郭村

时代 宋代至清代

类型 古建筑

2001年，被国务院公布为第五批全国重点文物保护单位。

沁县大云院始建于北魏太和年间，北宋重建，金大定十二年（1172）重修并题院额“大云禅院”，金崇庆元年（1212）正式敕用，元、明、清历代屡有修葺。寺院坐北朝南，现存一进院落，占地面积927.2平方米。现仅存前殿（兼做山门）、后殿（正殿）等主体建筑。前殿为清代建筑，后殿为宋代遗构。

后殿（正殿）石砌台基，面阔三间，进深六椽，单檐悬山顶。梁架结构为四椽栿对前后劄牵通檐用四柱。檐柱的侧脚生起显著，殿内两根金柱柱身粗大，柱头卷杀和缓，上施阑额与普拍枋，阑额不出头。檐下柱头斗栱为四铺作单杪，补间施隐刻栱，青石质宝装莲瓣柱础。两山墙有壁画50平方米。后殿虽规模不大，但梁枋、斗栱布局疏朗，用材硕大，梁架结构简练，手法古朴，主体结构保留了宋代形制。

前殿，现兼做山门，台基高1.05米，面阔三间，进深四椽，单檐悬山顶，五檩无廊式构架。

院内现存重修碑及金代敕赐寺名碑2通，记载了金崇庆元年重修寺院与敕赐寺名之详情。

沁县大云院保存有宋代至清代的文物建筑，体现了晋东南地区不同历史时期的建筑技艺，为研究古代建筑演变发展提供了重要实物资料。

沁县大云院全景

沁县大云院前殿（兼做山门）

沁县大云院后殿（正殿）

普照寺大殿

长治市沁县郭村镇开村

金代

古建筑

2006年，被国务院公布为第六批全国重点文物保护单位。

据县志记载，普照寺创建于北魏太和十二年（488），唐元和年间、金大定年间重修，明、清屡有修葺。现仅存大殿，为金代遗构。

大殿坐北朝南，面阔三间，进深六椽，单檐歇山顶。前后檐与两山均用四柱，殿内采用减柱造，减去前槽金柱，扩大了使用空间。柱头卷杀显著，柱间仅设阑额，无普拍枋，阑额出头，柱脚生起显著。殿内梁架四椽栿共设两道，下四椽栿对后乳栿通檐用三柱，其上设驼峰、蜀柱、襻间斗栱承上四椽栿；上四椽栿设蜀柱、大斗承平梁，平梁上设合楷、侏儒柱、丁华抹颏栱及叉手承脊槫。殿外檐四周设斗栱，前后檐及两山斗栱形制不一。前后檐设柱头、补间斗栱各设一朵，柱头斗栱为五铺作单杪单下昂，前檐为昂形耍头，后檐为蚂蚱形耍头，补间斗栱为五铺作双杪，蚂蚱形耍头。前檐明间补间斗栱出45°斜栱。两山斗栱只设柱头，不设补间，形制为五铺作单杪单下昂，蚂蚱形耍头。前檐当心间施板门、两次间设直棂窗。

普照寺大殿主体结构较为完整地保留了金代建筑的建造技术和建造手法，为研究我国金代建筑提供了重要实例，具有很高的历史研究价值。

普照寺大殿正面

普照寺大殿翼角

普照寺大殿殿内梁架

南涅水洪教院

长治市沁县牛寺乡南涅水村

元代至清代

古建筑

2013年，被国务院公布为第七批全国重点文物保护单位。

南涅水洪教院原名“弘教寺”，始建年代不详，金大定九年（1169）赐额，元至元八年（1271）重建，明、清两代均有修葺。庙院坐北朝南，三进院落，占地面积2483平方米。中轴线上由南向北依次是天王殿、二佛殿、大雄宝殿，院落两侧分列伽蓝殿、关帝殿。现存大雄宝殿为元代遗构，天王殿、伽蓝殿和关帝殿为明代风格，二佛殿是清代建筑。

大雄宝殿面阔、进深各三间，单檐悬山顶，筒板瓦屋面。前檐斗栱为五铺作出单杪单下昂计心造，第二跳华栱做假琴面昂，跳头出斜栱，琴面昂耍头及云状耍头共存，补间铺作隐刻。殿内厅堂式构架，六架椽屋前后劄牵用四柱，叉手与丁华抹颏栱相交直抵脊榑。

天王殿面阔三间，进深四椽，单檐悬山顶，筒板瓦屋面。柱头科三踩单昂，五檩中柱式构架，脊檩下单材襻间，连身对隐，金檩下用捧节令栱。

二佛殿面阔三间，进深五椽，单檐悬山顶，檐下设斗栱，为一斗三升交麻叶，脊檩处有清乾隆三十三年（1768）重建题记。

伽蓝殿、关帝殿面阔均为一间，进深四椽，单檐悬山顶，檐下设三踩斗栱。

院内现存有金代牌匾1块，元代《洪教院记》碑碣和清碑碣各 1 方，清代重修碑 2 通，1921 年重修碑 1 通。

南涅水洪教院整体布局规范，殿堂排列左右对称，错落有致。建筑种类较多，功能齐备，集金、元、明、清建筑特征于一身，金大定九年敕封“洪教之院”，木制牌匾如今仍悬挂在大雄宝殿之前，是研究宋、金以来建筑形制的重要实物资料。

南涅水洪教院全景

南涅水洪教院大雄宝殿

南涅水石刻

位置 长治市沁县牛寺乡南涅水村

时代 南北朝至宋代

类型 石窟寺及石刻

2013年，被国务院公布为第七批全国重点文物保护单位。

南涅水石刻是20世纪50年代发现的重要佛教石刻大型窖藏，因其出土地南涅水村而命名。石刻中纪年最早的为北魏永平三年（510），最晚的为宋天圣九年（1031），包括了北魏、东魏、北齐、隋、唐、北宋时期的佛教石刻精美作品，主要有造像塔、单体造像、造像碑、碑碣等四种形式。

造像塔即以四面开龛造像的方形石块叠垒成塔形，为国内稀有。现存造像塔共53座，由389块刻石组成，每块刻石四面开龛，以佛、菩萨为主像。佛龛周边雕饰有建筑、帷幔、飞天、杂技、鸟兽、百卉、树木等图像，内容丰富多彩，形象生动逼真。

单体造像有1161尊，多为佛、菩萨、罗汉和弟子等，其中一部分残缺，但整体造型仍然很完美。

造像碑在南涅水石刻中数量较少、风格独特。

碑碣较少，多记载有关史实，但由于时间久远，大多字迹已模糊，出现风化、脱落现象。

南涅水石刻表现了当地悠久的佛教传播历史，为研究佛教文化、古代建筑与书法艺术等方面提供了丰富的实物资料，具有较高的考古研究价值与文物价值。1986年，由国家投资在县城南二郎山修建了规模宏大的仿明清建筑“南涅水石刻馆”。1989年10月，陈列展对外开放。

南涅水石刻馆

南涅水石刻造像塔局部

阏舆古城及墓地

位置　长治市沁县册村镇乌苏村

时代　东周

类型　古文化遗址

1986 年，被山西省人民政府公布为第二批省级文物保护单位。

阏舆古城及墓地处在圪芦河北岸台地上，分布面积约 50 万平方米。

据史书记载，阏舆古城战国时属韩，后属赵。1973 年，在乌苏村村北发现了多处战国墓群。1979 年，在乌苏村村东的古城遗址内发现大量的东周陶片和古城墙遗迹，经考证，为阏舆古城址。城址形状不详，文化层厚 0.5—1.5 米。断崖上暴露遗迹有灰坑、夯土墙遗迹等。采集有泥质灰陶绳纹筒、板瓦残片。

古城西南约 1000 米处为墓地。封土夷平，现为林地。

阏舆古城是古代一处十分重要的聚落遗址，见证了东周时期的政治、经济和文化发展，为研究这一时期的历史提供了实物依据。

阏舆古城及墓地近景

阏舆古城及墓地遗迹

阏舆古城及墓地远景

仁胜洪济寺

位置：长治市沁县郭村镇仁胜村西

时代：金代、明代

类型：古建筑

2016年，被山西省人民政府公布为第五批省级文物保护单位。

据仁胜洪济寺内现存金贞祐二年（1214）赐额重修碑记载，该寺始建于唐贞观年间，在金大定年间进行了重修，金至宁元年（1213）奉敕改额为“洪济寺”。寺院坐北朝南，二进院落布局，平面呈长方形，南北长59.5米，东西宽24.7米，占地面积1469.7平方米。中轴线上由南向北依次为前殿、献殿、后殿。

前殿位于中轴线上一进院南端，坐北朝南，面阔三间，进深四椽，单檐悬山顶。平板枋与额枋过柱出头，无补间铺作，次间柱头斗栱五踩双下昂，明间两攒出斜栱，里转为双杪压跳托五架梁，前后檐相同。

献殿位于后殿南侧，紧邻后殿，为清代遗构。面阔三间，进深三椽，单檐卷棚顶。前檐柱头、补间施一斗二升交麻叶栱。梁架为四架梁通达前后檐用两柱。梁架及平板枋、额枋遍绘“苏式彩画”，为清至民国所绘。

后殿位于中轴线最北端，为明代遗构。坐北朝南，面阔三间，进深六椽，单檐悬山顶，梁架结构为七檩前后廊式，前檐柱头五踩斗栱四攒。五架梁前后接抱头梁用四柱。前檐仅柱头设斗栱，斗栱为五踩双下昂重栱计心造，里转双杪。梁架遍施旋子彩绘，为清人所绘。两山及后檐墙壁均有佛光壁画，为清代绘制。

寺内还保存有金贞祐二年（1214）赐额碑和清康熙十年（1671）重修碑各1通。

仁胜洪济寺历经多次修缮和改建，反映了中国古代寺庙在不同朝代的建筑风格和工艺技术的发展演变。唐代创建，金代重修，元代保存，以及明代改建，每一个时期的建筑都留下了时代的印记，使得仁胜洪济寺成为研究中国古建筑历史和技术的重要实物资料。

仁胜洪济寺航拍图

仁胜洪济寺后殿

仁胜洪济寺前殿

灵空山圣寿寺

位置 长治市沁源县灵空山镇第一川村

时代 明代至清代

类型 古建筑

2013年，被国务院公布为第七批全国重点文物保护单位。

据灵空山圣寿寺内碑文记载，该寺始建于唐代，宋端拱二年（989）始名“圣寿寺”。寺院坐北朝南，五路院落一字排开，各有山门而又互相贯通。五路院落自西向东分别是罗汉院、窑楼院、中院、关公院、僧房院，院后崖壁上有唐末开凿的净身窑，附近有建于明代的峦桥和仙桥。现存建筑基本为明清遗构。

中院中轴线上由南向北依次建有弥勒殿、正殿，东、西厢房分别是观音殿、地藏殿，东厢房山墙上有“有感”二字，西厢房山墙上有“有应”二字。

中院弥勒殿，也称“天王殿”，面阔三间，长门圆窗，红墙彩栱。中间前后两门相对而开，是过殿格局。前门楣上刻有“松门花洞”四字。弥勒敞怀大笑面南而坐，弥勒背面是韦陀，东、西两边站着分别持琵琶、剑、龙、伞的四大天王。弥勒殿的东、西两边是砖木结构的钟、鼓楼，下有半圆形拱门，门上都有砖刻对联和砖雕图案。

中院正殿石砌台基，面阔五间，进深五椽，六檩前廊式架构，单檐硬山琉璃瓦顶，檐部异形斗栱十一攒，柱头斗栱五踩双昂，木制隔扇门窗。随檩枋有清嘉庆十二年（1807）、清嘉庆十七年（1812）、清道光十九年（1839）、1985年等年代的多处重修题记 。正殿内有铸铜贴金的先师菩萨神像，左、右两侧为四海龙王。东、西两壁有彩绘壁画和彩色泥塑像。

中院观音殿与地藏殿，都是两层砖木结构，青砖布瓦，面阔三间。观音殿供观音菩萨，左、右两边有善财童子和龙女像。地藏殿供地藏菩萨，左、右两侧有道明和闵公像。

罗汉院中轴线上由南向北依次建有南房、观音殿，两侧有斋房；窑楼院中轴线上由南向北依次建有南房、北房；关公院中轴线上由南向北依次建有山门、关圣殿、普贤殿；僧房院中轴线上由南向北依次建有山门、北房，两侧分布有东、西配楼。

灵空山圣寿寺建筑群规模宏大，建筑精美，是镶嵌在灵空山景区的瑰宝。建筑布局以横轴为序，中院大殿气势雄伟，两配楼建筑洗练，庄严肃穆。其余院落分左右排开，由高到低，错落有致，成凤凰展翅状。其建筑规模和完整建制，在保留至今之古建筑中极为少见，具有较高的历史和艺术价值。

灵空山圣寿寺山门

灵空山圣寿寺全景

沁源县衙

位置 长治市沁源县沁河镇城西村

时代 明代至清代

类型 古建筑

2021 年，被山西省人民政府公布为第六批省级文物保护单位。

沁源县衙创建于明洪武二年（1369），由县丞廖德愿动工兴建，后历经多个朝代的修葺与增建，现存建筑为明清遗构。

现存县衙大堂为明清建筑，坐北朝南，占地面积 2476 平方米，面阔五间，进深六椽，单檐歇山顶。

县衙粮房，南北长 21.9 米，东西宽 18.25 米，占地面积约 400 平方米。中轴线上现存东、西窑各一座，该建筑为砖木结构拱券式窑洞，上建阁楼，面阔六间，进深四椽，五檩前廊式，单檐歇山顶柱头斗栱三踩单翘。整个建筑结构为砖木结构，用材大方，做工精细。

沁源县衙见证了明、清两代地方行政制度的发展与变迁，是研究中国古代地方行政机构的重要实物资料。通过对县衙建筑的考察，可以了解古代地方官吏的日常工作和生活情况，进而深入探讨中国古代的政治、经济和文化状况。

沁源县衙大堂正面

沁源县衙粮房

贾郭石窟

位置　长治市沁源县王和镇贾郭村

时代　北魏、隋代、唐代

类型　石窟寺及石刻

2016年，被山西省人民政府公布为第五批省级文物保护单位。

贾郭石窟群坐北朝南，东西长约145米，平均高度约2.5米，总面积约362.5平方米。石窟整体布局依崖开凿，形成一个由东向西排列的11个窟组成的石窟群。每个石窟的宽度介于0.6—1.1米之间，高度在0.8—1.2米，进深0.3—1.7米不等。东侧第一窟存有题记一处。

贾郭石窟的建筑形制显示出北魏时期石窟寺的典型风貌。每个窟的窟门侧雕刻有威严的金刚或慈悲的菩萨立像，窟内壁则多雕一佛二菩萨或一佛二弟子的组合像。这些雕像栩栩如生，虽历经千年风雨，仍能感受到其高超的艺术魅力。

贾郭石窟全景

贾郭石窟近景

贾郭石窟局部细节